作者简介

林来梵，法学博士，清华大学法学院教授、博士生导师，清华大学精品课程《宪法学》主讲人。担任中国法学会宪法学研究会副会长、中国法学会香港基本法澳门基本法研究会副会长，兼任中央全面依法治国委员会办公室全国法治政府建设评估专家库专家、全国人大常委会法制工作委员会备案审查专家委员会委员等职。

作者主要从事宪法学基础理论、人权法、国家组织法、香港基本法、法学方法论、比较法等领域的研究，被认为是当今我国"规范宪法学"研究的代表性学者。迄今在国内外发表学术文论百余篇，著有《中国的主权、代表与选举》（日文版）、《从宪法规范到规范宪法：规范宪法学的一种前言》、《宪法学讲义》、《剩余的断想》、《文人法学》等著作。

宪法学的脉络

四个基础性概念研究

林来梵 著

图书在版编目(CIP)数据

宪法学的脉络：四个基础性概念研究/林来梵著.—北京：商务印书馆，2022(2024.5重印)
ISBN 978-7-100-20928-1

Ⅰ.①宪… Ⅱ.①林… Ⅲ.①宪法学—研究—中国 Ⅳ.①D921.01

中国版本图书馆 CIP 数据核字(2022)第 044050 号

权利保留，侵权必究。

宪法学的脉络
—— 四个基础性概念研究

林来梵 著

商 务 印 书 馆 出 版
(北京王府井大街 36 号 邮政编码 100710)
商 务 印 书 馆 发 行
北京中科印刷有限公司印刷
ISBN 978-7-100-20928-1

2022 年 7 月第 1 版　　开本 880×1230　1/32
2024 年 5 月北京第 2 次印刷　印张 4⅞　插页 1

定价：50.00 元

序

早些年鄙人曾经说过,在法学研究中,有三者特别重要,即方法、体系与脉络。可以想见,在有关法的思考中,不同的方法将可能导出不同的结论,为此在法学研究中确立应有的方法,便殊为重要;而在法学方法之下,针对法秩序的体系化思考则又十分切要;然而,要展开这种体系化思考,终究离不开对各种意义关联脉络的把捉和梳理。

那么,如何具体地理解这里所说的"脉络"呢?这就需要一定程度的参悟了。

宋代高僧青原惟信曾经说自己"三十年前未参禅时见山是山,见水是水。及至后来,亲见知识,有个入处,见山不是山,见水不是水。而今得个休歇处,依前见山只是山,见水只是水"(《五灯会元》)。本书定名为"宪法学的脉络",道理也是如此。其实,它是对宪法学四个基础性概念的研究。之所以将基础性概念的研究题为"宪法学的脉络",这是由于所谓"宪法学的脉络",往往首先映现于宪法学的各个基础性概念之内。换言之,但凡一个基础性的宪法学概念,都必然处于各种意义关联脉络之中。可以说,对宪法学的研究,离不开这些基础性概念的研究;而要研究这些基础性的宪法学概念,又需要探究或把握这些概念中所蕴含的内在脉络。如本书所列的第一个概念"国体"和第二个概念"权利",涉及的是概念史研究,主要探究的就是这两个概念的历史脉络;而第三个概念"人格尊严"和第四个概念"财产权",则涉及法教义学上的概念研究(虽然还运用了其他方法),侧重于厘清这两个概念的规范意义脉络。

宪法学的脉络不仅映现在各个基础性概念之内,还体现在不同的基础性概念之间。质言之,不同概念之间同样也存在着某种意义关联脉络。法学的体系化之所以可以成立,多半亦职是之故。

本书所列入的四个概念之间,就存在着各种意义关联脉络。首先,作为一对基本概念,"国体"与"权利"分别对应了宪法学的两大调整对象——国家与个体。其中,国体概念乃是宪法学中极为重要的一个基础性概念,其规范性内涵往往体现在实定宪法第一条。日本明治时期宪法学权威穗积八束甚至以它为基石,建构了所谓"国体宪法学"的理论体系。权利概念也是宪法学中的一个基础性概念,它与奠立在国体概念之上的国家权力形成一种对比性的张力,同时也作为基本权利的基础而处于宪法价值秩序的核心领域。其次,"人格尊严"与"财产权"就是一组宪法权利,前者甚至在解释学上构成了宪法的一项至为重要的基础性价值原理,而后者也因为与前者之间存在颇为直接的意义关联脉络而具有重要性。诚如黑格尔所言:财产就是人格的定在。近代以来各国宪法对财产权的保障,最终大多旨在保障每个人人格的独立发展并借以维护人格尊严。统而言之,在上述不同概念之间所存在的诸种意义关联,也体现为宪法学的脉络。或者说,通过上述四个基础性概念的研究,我们更可管窥宪法价值秩序与宪法学理论体系的内在脉络。

本书的有关研究,也贯彻了鄙人一向倡言的"规范宪法学"的立场与方法。恰好在二十年前,拙著《从宪法规范到规范宪法》(2001年法律出版社初版,2017年商务印书馆重刊)得以问世。如果说,此书正像其副标题所言,属于"规范宪法学的一种前言"的话,那么,本书有关宪法学四大基础性概念的研究,则可谓是规范宪法学的"基石"。其中,"国体"和"权利"是分属于国家组织法和人权保障法的一对基本概念。由于规范宪法学倾向于以历史中形成的特定的宪法秩序为"基础及界限"(拉伦茨语),为此对二者的概念史研究,有助于揭示中国宪法学的逻辑基础。而"人格尊严"和"财产权"则是一组宪法权利概念,从规范宪法学的立场看来,它们在当今中国具有特别的重要性。这也是由于二者分别对应着人在精神与物质上的两类需求,其中的人格尊严犹如灵魂,财产好比肉体,彼此之间存在着密不可分的意义关联。总之,打通上述四个基础性概念之间的脉络,就不难理解规范宪法学的旨趣。

行文至此,自觉有必要对本书所裒辑的四篇论文做一下简要的说明。第一篇关于国体概念,鄙人曾有《国体概念史:跨国移植与演变》一文,发表于《中国社会科学》2013年第3期。但此次收入本书的是其详篇,题为《国体概念史:从宪法学说史角度的一个考察》,篇幅达六万余言。第二篇《权利概念史:以中日间的移植交流史为视角》一文,原先曾以《权利概念的移植交流史》为题,刊发于《中外法学》2020年第2期。此次收录的文稿,也有不少补充和修订。而第三篇关于"人格尊严"的文稿,最初源自《人的尊严与人格尊严——兼论中国宪法第38条的解释方案》一文,原载《浙江社会科学》2008年第3期。此文发表后,曾在我国宪法学界引起持续性的反响,也有不少学者对拙文中的部分观点提出了批评。这次收录的文稿,对原文做了一些补充,且回应了学界对拙文所提出的主要批评意见。第四篇《针对国家享有的财产权》,原文曾有副标题"从比较法角度的一个考察",于2004年我国修宪完善私有财产权宪法保障条款之前,刊发于《法商研究》2003年第1期。因时隔较久,此次也做了必要的订正。

本书得以付之梨枣,乃再次承蒙商务印书馆方面的抬爱,责任编辑王兰萍博士、金莹莹君助力最多。在成书过程中,清华大学法学院博士生陈楚风等君在书稿的编排与校对等工作方面提供了帮助。并此致铭,深表谢意!

是为序。

林来梵

2020 年 3 月 13 日于清华园

目　录

第一章　国体
◆ 国体概念史：从宪法学说史角度的一个考察 ………… 1
　一、引言 ………… 1
　二、宪法学前史上的"国体" ………… 3
　三、"国体"概念在宪法学上的建构 ………… 12
　四、日本宪法学说史上的"国体争论" ………… 28
　五、国体概念在中国的移植 ………… 36
　六、国体概念的现代命运：在中日之间的反差 ………… 51
　七、结语 ………… 67

第二章　权利
◆ 权利概念史：以中日间的移植交流史为视角 ………… 71
　一、引言 ………… 71
　二、"权利"一语的创生 ………… 73
　三、继受国的文化基础及继受的问题性 ………… 80
　四、权利概念在中国的落定 ………… 92
　五、结语 ………… 99

第三章 人格尊严

◆ 人的尊严与人格尊严 …………………………………………… 102
   一、问题之所在 ………………………………………………… 102
   二、有关"人的尊严":八个用语的比较考察 ………………… 106
   三、作为基础性价值原理的"人格尊严" ……………………… 114
   四、作为个别性权利的"人格尊严" …………………………… 123
   五、结语 ………………………………………………………… 128

第四章 财产权

◆ 针对国家享有的财产权 ………………………………………… 130
   一、问题的提出:为了一次研究程序上的倒退 ……………… 130
   二、针对国家享有的财产权——防御权概念的提出 ………… 132
   三、作为一种防御权的构造 …………………………………… 136
   四、防御权的意味和意义 ……………………………………… 140
   五、余论:回望中国 ……………………………………………… 145

第一章 国体

国体概念史:从宪法学说史角度的一个考察[*]

一、引言

"国体",是当今中国法政领域中的一个重要概念,更被目为"宪法学基本范畴"之一。[①] 在新中国宪法文本中,有关它的内容也被专门赋予了规范上的载体,历部宪法第一条就被认定为是关于"我国的国体"的规定。[②]

但值得澄清的是,这个语词最早虽然出自我国古代诸多古典文献,然而倘若征诸史籍,追溯源流,则可以发现:作为具有特定法政内涵的

---

[*] 本文的构想曾于 2011 年 8 月 25 日以"'国体'概念在亚洲的移植与嬗变"为题在(中日)第二届"西欧立宪主义在亚洲的继受与变革"研讨会上做了报告,并先后从韩大元教授、张翔教授、翟国强教授、涂四益教授以及日本的高桥和之教授、高见胜利教授等国内外诸多学者的批评与建议中获得教益;在文章的写作过程中,杨陈、李响、陈鹏、褚宸舸、靳昊以及日本的朱晔教授(静冈大学)、石塚迅教授(山梨大学)、松井直之教授(立教大学)等君在文献资料的收集和核查方面亦提供了帮助,在此一并致谢。

[①] 参见李龙、周叶中:《宪法学基本范畴简论》,载《中国法学》1996 年第 6 期。该文在一般意义的宪法学上提出了宪法与宪政、主权与人权、国体与政体、基本权利与基本义务以及国家权力与国家机构这"五对基本范畴"。

[②] 参见彭真:《关于中华人民共和国宪法修改草案的报告——1982 年 11 月 26 日在第五届全国人民代表大会第五次会议上》,载王培英编:《中国宪法文献通编》(修订版),中国民主法制出版社 2007 年版,第 57 页;另参见何华辉、许崇德:《国体的新规定、政体的新发展——读宪法修改草案的一点体会》,载《武汉大学学报》(社会科学版)1982 年第 4 期。

"国体"概念,其实乃是我国在清季时期从日本移植过来的一个术语,[1]而其最初的法政意义上的内涵,则又是明治时期日本宪法学人从德国近代国法学中移植而来,并将其附会于日文中的"国体"(kokutai)这个原有的语词之中的。质言之,"国体"这个概念,经历了先后从中国和德国到日本,再从日本到中国的,一个可谓"跨国交叉往复移植"的历程。

纵观这一历程,我们可以看出:无论是在日本还是在中国,"国体"概念自从被有意识地移植引进之后,都成为一种"鼓动性的且具有统合作用的意识形态",[2]而且还为日本和中国这两个不同的东方国家,在彼此面临国家重要转型的历史时期提供了某种国家建构的蓝图,[3]从而也在某种意义上推动了立宪主义理论和实践的展开。与此相应,在这个过程中,不同的法政理论家甚至革命理论家,也从不同的预定立场出发,为这个概念的定义而竞相争逐,从而使得这个概念的内涵呈现出变动不居而又丰富多彩的样相,留下了各种具有深远意义的历史印痕,值得钩沉探析。可以说,自清末"预备立宪"时期以降,百余年中国云谲波诡、激荡不已的历史风云,都俨然折射在"国体"这个概念反复嬗变演化的内涵之中。

---

[1] 自清末开始,有相当一批数量的人文社科领域的词汇,从日本被移植到中国。有关这一问题,法学领域中的相关研究可举王健:《沟通两个世界的法律意义——晚清西方方法的输入与法律新词初探》,中国政法大学出版社 2001 年版,尤其 218 页以下;更为全面的开拓性的研究,可参见沈国威:《近代中日词汇交流研究:汉字新词的创制、容受与共享》,中华书局 2010 年版;李运博:《中日近代词汇的交流——梁启超的作用与影响》,南开大学出版社 2006 年版;另可参见〔日〕实藤惠秀:《中国人留学日本史》(修订译本),谭汝谦、林启彦译,北京大学出版社 2012 年版,尤其第 237—285 页。

[2] 这是当代加拿大学者约翰・S.布朗利(John S. Brownlee)对"国体"概念在日本从明治时期一直到1945年之间所发挥的一种功能的分析。See John S. Brownlee, Four Stages of the Japanese Kokutai(National Essence), JSAC Conference, University of British Columbia, Oct. 2000.

[3] 参见庄娜:《日本"国体论"研究:以近代国家建构为视角》,中国社会科学出版社 2016 年版。

本章拟尝试运用宪法学、法史学和政治社会学等多学科交叉研究的方法，并力图贯通中日两国自近代到当代的宪法学说史，通过往返透视宏阔的时空结构，追溯"国体"这一具有标本意义的法政概念所经历的跨国交叉、往复移植的历程，考辨其内涵结构的嬗变演化，探究其在中日两国各个不同时期中盛衰兴亡的宪法规范基础以及社会历史背景，借此管窥立宪主义在亚洲国家得以继受和发展的曲折轨迹，最终俾便为理解中国立宪主义长期所直面的历史课题，并为展望其未来应有的发展方向提供一种理论上的契机。

二、宪法学前史上的"国体"

"国体"概念虽曾源自于中国古籍，但被引入日本之后，在其历史上获得了更为重要的地位。当代加拿大学者约翰·S.布朗利即认为它是"日本历史上发展出来的一个最具有原创性的政治观念"；基于这一点，布朗利甚至按照该词的日文发音将其在英文上标示为 kokutai。[①] 当然，其所言的"国体"（National Essence），乃倾向于政治文化学意义上的概念，而碧海纯一、长尾龙一等现代日本著名法哲学家则将"国体"作为日本近代法思想中的一项重要内容加以定位。[②] 更有进者，现代日本政治学巨擘丸山真男在其《日本的思想》一书中甚至将"国体"作为整个"近代日本的基轴"而加以批判性的考察。[③] 当然，丸山真男所言的

[①] See John S. Brownlee, Four Stages of the Japanese Kokutai(National Essence). 另，中国民国时期，戴季陶也曾在其著名的《日本论》一书中专辟一章（即全书第二章），题为"神权的迷信与日本国体"，认为日本独特的国体观念其实就是一种由神道教发展出来的有关国家的神权迷信。参见戴季陶：《日本论》，光明日报出版社2011年版，第5页以下。

[②] 長尾龍一「法思想における『国体論』」野田良之＝碧海純一編『近代日本法思想史』（東京·有斐閣、1979年）第227—270ページ。另需说明的是，长尾龙一乃现代日本学术界中有关"国体"问题研究领域中最具代表性的学者之一，曾对此问题撰写了大量的著述。

[③] 丸山真男『日本の思想』（東京·岩波書店、1961年）第28ページ以下参照。

"国体",多倾向于政治学,乃至文化学意义上的概念。但应当指出的是,除此之外,"国体"概念也曾在近代时期进入日本宪法学的领域,甚至曾由此建构了一个宪法学理论体系,此即下文所说的"国体宪法学"。总之,针对"国体"概念的地位,日本学者后藤总一郎的以下总结是剀切的:

> 在日本近代史上,从来没有一个像"国体"这样的名词和概念,能紧紧地把日本的近代咒缚在黑暗当中。换言之,近代日本的形塑过程,亦等同于"国体"概念之创出、形成、实体化、肥大化的历史。①

然而,如果从语源学上考辨,"国体"一词显然肇源于中国古籍,其中,《管子》中有"四肢六道,身之体也;四正五官,国之体也"一说。② 这可能是中国古籍中最早提到"国体"的记载,其意指君臣父子五行之官,具有类似于国家组成要素的含义。③《春秋》中有"大夫,国体也"一句,④其中"国体"一词直接指称国家的承担者。《汉书》上至少有两处采用"国体"的记载,一为"温故知新,通达国体"⑤一语,其中的"国体"意指国家的状态;另一为"建白定陶太后不宜在乘舆幄坐,以明国体"一句,⑥其中的"国体",则指的是国家的体面。

由于古代日本曾长期受到中国传统文化的影响,"国体"一词在历

---

① 〔日〕后藤总一郎:《国体论的形成——其思想的祖型》,载《历史公论》1997年8月号。转引自陈玮芬:《"天命"与"国体":近代日本孔教论者的天命说》,载张宝三、杨儒宾编:《日本汉学研究初探》,台湾大学出版中心2004年版,第77页。
② 《管子·君臣下》。
③ 参见陈玮芬:《"天命"与"国体":近代日本孔教论者的天命说》,第75页。
④ 《春秋·穀梁传》。
⑤ 《汉书·成帝纪》。
⑥ 《汉书·王莽传》。

史上也随之流入日本,并成为日文中的一个词语,并采汉字写法,曾有クニカタ(kunikata)这一发音,后发音为 kokutai,其意与中国古代的上述含义大抵相近。比如,"国体"一词最早出现的日本古代文献《出云国造神贺词》以及本居宣长的《古事记传》中,分别有"国体""国之体"的用语,其意为国家的状态。① 另据德川年间栗山潜峰氏所撰的《保健大记》载,在承安二年(1172),发生了一个被后世日本国学刻意加以重视的历史事件:当时中国的宋朝某刺史在致日本国书中写有"皇帝恭问倭皇"句,对此,天皇侍读的日本大儒清原赖业(1122—1189)便主张拒绝受理,并得到后白河法皇(1127—1192,出家了的后白河天皇)的肯认,后者评说道:"若非如此,则勿能对遐迩昭示国体"。此处所言的"国体",就有国家的体面、尊严之意。② 在这个事件中,颇有反讽意味的是,从中国古籍中引进的"国体"一词,被用于针对中国,并具有了某种对抗性的色彩,由此可以看到"国体"一词演化为一种国家观念的意义空间与思想萌芽。

战后日本历史学者泷川政次郎就曾经追溯并探究了日本人的国家观念与国体观念之间的历史纠葛,指出:日本的"国体"作为一种观念,是在江户时代(1603—1867)的日本国学之中孕育了胚胎,并随着整个明治时期国家观念的发达而形成的。③ 根据他的考察,江户时代是日本汉学的全盛时代,但对这种外来思想所形成的压制,当时的日本思想

---

① 長尾龍一「法思想における『国体論』」野田良之=碧海純一編・前揭書第233ページ。

② 有关这个事件,可参见:長尾龍一「法思想における『国体論』」野田良之=碧海純一編・前揭書第233-234ページ;更为详细的,但表述上略有不同的考证可参见:八条隆孟『国体と国家形態』(東京・刀江書院、1941年)第8ページ以下参照。另,中文资料姑且可参见王琪:《日本国体论源史考》,载《哈尔滨工业大学学报》(社会科学版)2007年第9卷第6期。此外,有关"国体"用语在日本古籍中的重要出处及其直至明治时期的演变,可参见:八条隆孟、前揭書第7-21ページ。

③ 滝川政次郎「日本人の国家観念と国体観念」『日本文化研究』第一巻(1958年)第37ページ参照。

界也曾出现反弹。日本国学的兴起就表明了这一点。其对于儒释道的任意一方均完全抱持排斥的态度,而独尊日本自身的"皇国之道"。在此过程中,源自于汉学的"国体"一词便恰恰得到了青睐。而最为借重"国体"一词的,则是水户学派、崎门学派,其中,水户学派所编纂的大型汉字纪传体史书《大日本史》,即代表了当时这个学派的国体观,并在明治时期的维新志士之间产生了深巨影响。①

但真正使"国体"一词开始在日本知识阶层之间得到广泛传播、具有里程碑意义的,还是德川幕府后期水户藩的尊王学者会泽正志斋(又名会泽安,1781—1863)于1825年出版的《新论》一书。此书是在西方帝国列强最初到达东亚所产生的第一次民族危机之下问世的。时值幕府末期,日本正因西方列强势力的渗入而陷入全国性的财政危机和农村的贫困,同时亦因开国通商之后传入日本的基督教逐渐深入人心,东方传统价值观遭受冲击。于是会泽正志斋力图为这个垂危、即将分裂的国家打上一针强心剂,就通过全面变造"国体"这一概念,以强调日本的主体性。② 基于这一问题意识,会泽在该书开篇就连续以"国体"为题专辟上、中、下三章,通过借助日本建国神话等素材,对"国体"一词进行了伦理的、文化意义上的阐释,力图塑造日本这一国家在精神层面上的主体性与一体性。③

但与历史上的水户学派有所不同的是,会泽将日本的有关天皇的传统观念与中国儒学的政治思想结合起来,借此对"国体"一词作出了扩展性的诠释。会泽其实已经洞见到:当时的西方列强之所以具有某种强力和一体性,是因为其所拥有的基督教发挥了一种"统合性、源

---

① 滝川政次郎「日本人の国家観念と国体観念」『日本文化研究』第一卷 (1958年) 第38ページ。
② 参见陈玮芬:《"天命"与"国体":近代日本孔教论者的天命说》,第77—78页。
③ 長尾龍一「穂積憲法学雑記」『法哲学年報』1969年号 (1970年) 第71ページ。

动性的核心力量"，①而基于王政复古的立场，他认为在古代日本同样也存在类似这样的某种"一体性"，此即天照大神所创建并被传承下来的、以"政祭一体"的形式存在的历史传统，这就是他所诠释的"国体"；而像历史上的仁德天皇（313—399）那样的中国式圣君，则正是因为对人民的仁慈而获得人民的广泛信任和爱戴，并与人民合为一体。② 显然，会泽正志斋的这种论述，旨在构想一种"意识形态的设计"，而国家在精神层面上的那种"一体性"，正是他所阐明的国体学说的要点，这直到明治维新时期仍产生了持续性的影响，被认为是"为新国家提供了意识形态的基础"。③ 会泽的这种国体论可谓用心良苦，旨在"以全民自发性的服从来取代当权者强制性的支配"，以期归"民志"于一，实现国家力量的统一。④

会泽的国体学说，具有重要意义。前述的约翰·S.布朗利就认为，从总体上而言，国体学说在日本的产生与发展，曾经历了四个阶段，其中第一个阶段就是以会泽的《新论》一书为里程碑的；正如约翰·S.布朗利所言，在这个阶段，"国体"的意义完全是精神性的，并无涉及政治组织与法律体制的存在或建构，⑤用当代日本法学家长尾龙一的话来说，还仅仅属于一种"伦理的、文化意义的概念"，⑥因为它尚未涉及政治组织与法律体制的建构。但在会泽那里，"国体"一词已被赋予了超越传统国粹主义意义的内涵，乃至初步成为国家主义的一种意识形态，旨在以被神格化了的天皇权威去塑造国家精神的正当性与一体性，从

---

① See John S. Brownlee, Four Stages of the Japanese Kokutai (National Essence).
② 参见〔日〕子安宣邦：《福泽谕吉〈文明论概略〉精读》，陈玮芬译，清华大学出版社2010年版，第36页。
③ See John S. Brownlee, Four Stages of the Japanese Kokutai (National Essence).
④ 長尾龍一「穂積憲法学雑記」前掲文参照。
⑤ See John S. Brownlee, Four Stages of the Japanese Kokutai (National Essence).
⑥ 長尾龍一「穂積憲法学雑記」前掲文参照。

而克服西方列强的冲击所带来的国家危机。我们可以初步看出，这种会泽式的国体概念，已然在以下三点上具有了范例性的独创意义。

第一点，通过"神话、虚构和夸饰"[①]等手段，"国体"一词被赋予了超越传统语源学含义的含义，从而成就了一种"意识形态的设计"。

第二点，正因如此，"国体"一词的内涵，便不再单纯，而是开始具有某种复合结构。如前所述，会泽式国体的内涵，就是日本传统观念与中国儒学政治思想的结合。

第三点，"国体"的概念被用于构筑国家统合的具体原理，比如在会泽式国体之中，便已然开始出现以天皇的权威塑造国家精神的"一体性"的谋划，力图让国家与臣民在被神格化了的天皇之下得到统合。而国体概念的内涵，之所以被赋予这种国家统合原理的内容，则主要是基于西方强权的冲击所带来的国家危机意识，而具有某种对抗性的色彩。

随着历史洪峰的奔流涌动，以上三点，均对国体概念史在此后日本乃至中国的发展，产生了持续性的重要影响。直至当今，存活于中国的国体概念的内涵仍然在一定程度上具有类似的性格倾向与结构特征。

到了1860、1870年代，即明治维新前后时期，通过加藤弘之（1836—1916）和福泽谕吉（1835—1901）等日本近代启蒙学者的阐述，国体概念的发展又进入了一个新的标志性阶段，表现为国体概念被赋予了某种自由主义立场的理解。这在国体概念的整个发展史之中，特别是在日本语境之下，乃属于破天荒的第一次，但同时也是最后的一次。[②]

对后世影响较大的，是加藤弘之的国体概念。加藤是当时日本为数极少的能够理解西方契约论国家观的启蒙学者之一。在1868年出版的《立宪政体略》一书中，他就颇为系统地阐释了君主立宪制、民主共

[①] See John S. Brownlee, Four Stages of the Japanese Kokutai(National Essence).
[②] Ibid.

和制的国家类型学问题,并提出了一种新的国体观,即将国民的权利视为国体的本质要素。① 1874年,加藤弘之专门出版《国体新论》一书。在该书中,他进一步吸收了西方古典自由主义的政治理论,批判了亚洲传统的国家观,包括日本国学家的理论,而主张"国家君民成立之理"在于"求安宁幸福"的"人之天性",为此,所谓的"国体"也就分为"合乎此理之国体"以及"背反天理、悖逆人性"之国体。②

值得注意的是,在《国体新论》的第七章,加藤还对国体与政体作出了区分,认为前者是国家的本质,而后者指的是政府的形式。③ 这对下文即将论及的日本明治时期宪法学权威穗积八束(1860—1912)的国体学说产生了重要的影响,④并通过后者,一直成为战前日本法政理论中的一对基本范畴。

无独有偶,同为明治初期启蒙学者、被誉为"日本的伏尔泰"的福泽谕吉,则在其《文明论概略》一书中提出了一种颇为进步的、在理论立场上也颇为理性冷彻的国体观。他并没有将"国体"看成是日本所独有的长物,而是将其作为一般性的概念,认为包括中国、印度以及西方在内的任何国家都具有其各自的国体,而且这种国体也不是永久不变的,而是可变化、甚至可断绝的。更难能可贵的是,福泽谕吉虽然也承认日本的天皇世系从未断绝的历史在世界上是绝无仅有的,并且也有利于凝聚日本国民的感情,促进日本民族的主权,但他认为这仍不足以构成国体,而真正能够构成国体的,只有民族的主权。⑤

加藤弘之和福泽谕吉的上述国体概念,在当时的日本虽然具有一

---

① See John S. Brownlee, Four Stages of the Japanese Kokutai (National Essence).
② 長尾龍一「穂積憲法学雑記」前揭書第72-73ページ。
③ See John S. Brownlee, Four Stages of the Japanese Kokutai (National Essence).
④ 長尾龍一「穂積憲法学雑記」前揭書第72-73ページ。
⑤ 参见〔日〕子安宣邦:《福泽谕吉〈文明论概略〉精读》,陈玮芬译,第36页。

定进步的意义,但从国体概念史的整个历史过程来看,其思想的光芒庶几可谓昙花一现。尤其值得一提的是,后期的加藤弘之甚至放弃了自由主义的立场,转而支持明治宪法所创制的国家体制,彻底皈依传统保守的国体观念。① 具有吊诡意味的是,加藤弘之在国体观上对自己早期立场的这种转向,竟然在国体的概念史上形成了一个意外的先例。正如下文将要论述到的那样,此后,无论是日本的上杉慎吉、美浓部达吉,还是中国的梁启超,许多具有代表性的国体论者,均曾经在国体观的问题上,以不同的微妙方式放弃过自身早期所固持的立场。这也使得国体概念的演变呈现出某种特殊的复杂形态,同时也为国体这一概念的内涵涂上了一层神秘隐晦的色彩。

更值得一提的是,上述的加藤弘之和福泽谕吉的国体概念,也并没有在"前宪法学"概念阶段形成日本有关国体观的主流。在明治宪法制定之前,并对明治宪法的制定具有较大影响的真正的主流国体观,毋宁是在会泽式国体概念的基础上不断发展起来的那种保守主义的立场。它将"国体"看成是某种源自于日本自身的历史、传统与习俗之中的结晶,为此认为是永恒的、绝对的、不可变更的,并集中体现在天皇身上,乃属于所谓"日本本土的"(native Japanese),用当今中国的政治话语而言,或许也可以说是具有"日本特色"的。②

应该说,这是一种具有国家主义倾向的政治神学上的理论体系,主要包含三点内容:第一,天皇为天照大神的后裔,奉神敕统治日本,为此日本自古既无"易姓革命",也无外族入主建国,皇统连绵不断,为万国

---

① 之所以如此,据说是由于加藤弘之在接受了自由主义思想之后,又受到了社会达尔文主义的影响,开始认识到人的权利并非自然权利,而只为强者所能拥有。See John S. Brownlee, Four Stages of the Japanese Kokutai(National Essence).

② 中国学者潘昌龙甚至认为,日本近代的这种国体论,至少可以归纳出"三个基本信条",即所谓的"神国思想""尊皇思想"以及"大和魂论"。参见潘昌龙:《试论〈明治宪法〉中的国体论思想》,载《外国问题研究》1989年第1期。

无双。第二,日本有着君民一体、群民一家的特殊传统。日本为一大家族,天皇为一大家族之宗主,国家即一家之扩大,君臣即父子之推广。臣民"忠孝合一",天皇"亲民如子"。第三,因此,天皇统治为日本国家之根本,天皇及其统治大权神圣不可侵犯,必须绝对服从。① 当然,加藤弘之有关国体与政体的区分,也使得保守主义得以进一步澄清了他们的国体观念,即:便于将国体理解为一种绝对的、不可变动的性质;相反,则将"政体"理解为只是次要的、乃属于政治权力在实践过程中的历史性安排。②

经过加藤弘之与福泽谕吉,国体概念发生了若干重要的演变:与许多西方思想在近代东亚被移植并产生影响的模式一样,"国体"这个东方国家固有的语词,犹如一种器皿那样,被注入了西方思想的崭新内涵。这在加藤弘之的国体学说中表现得特别明显。与此同时,"国体"不再是伦理的、文化意义上的用语,而成为一个表述国家政治体制的概念,从而接近了宪法的神器,开始被用于有关国家形态以及日本建国原理的探讨,尤其是被用于国家统合原理的构想。而其中有关体与政体的区分,也使保守主义可借此澄清他们的国体观念,即便于将一部分自己所想要的传统保守因素概括为一种绝对的、不可变动的内核,而将其他内容理解为次要的、只是属于政治权力在实践过程中的历史性安排。

其实这便提供了一种特殊的理论框架,使东方传统观念与西方思想之间所触发的深刻矛盾有可能达成了妥协,即:在"国体"这一概念的掩体之中,收拾起东方旧有的君主制传统及其统治利益的元素;而在"政体"概念之下有节制地吸收西方现代国家统治的原理及技术,并在

---

① 参见波拉提·司马义、彭训厚:《天皇及其在二战中的作用和对战后日本的影响》,载《军事历史研究》2001 年第 2 期。

② See John S. Brownlee, Four Stages of the Japanese Kokutai(National Essence).

维持东方国家自身君主制传统的前提下,有效地吸纳并装备现代西方式的立宪制度(政体)。这就在一定意义上确立了某种典范。作为亚洲的第一部宪法,明治宪法就是在这种思想背景下制定的。

迄此,作为一个具有特别意涵的宪法学概念的"国体",已在即将应运而生的日本宪法学理论框架中呼之欲出了。

三、"国体"概念在宪法学上的建构

1889年颁行的日本明治宪法,其第一条便开宗明义明确规定:"大日本帝国由万世一系之天皇统治之",由此宣告了天皇主权原理。紧接着第二条则规定了皇位的继承事项,而第三条更进一步宣称"天皇神圣不可侵犯"。同时,其第四条还规定:"天皇为国家元首,总揽统治权,依本宪法规定实行之。"

这些条款虽然没有直接采用"国体"的概念,但日本传统的国体观念则以其宪法原则的规范形式得到了结实。

这当然也是因为,在制宪准备过程中,对明治宪法的制定产生过直接影响的政要人物,如岩仓具视、伊藤博文、井上毅等人,虽彼此之间对于"国体"存有一些不尽相同的理解,但均是带有国家主义倾向的国体主义者,皆秉持国体观的立场。[①] 其中,岩仓具视所秉持的"国体",正是"国学意义上的政治神学那种宗教性质的原理,与天皇主权这种世俗

---

① 关于岩仓具视以及伊藤博文等人的国体观及其彼此之间的微妙区别,以及对明治宪法的影响,可参见:吉田善明「伝統的国家主義的憲法学の再生－憲法学説と学説史を中心として」鈴木安蔵編『日本の憲法学』(東京・評論社、1968年)第151ページ以下,特に153-154ページ。 有关明治宪法制定准备过程中伊藤博文渡欧考察、师事维也纳大学施坦因并形成了立宪君主制构想的这段历史,参见:鈴木安蔵『憲法の歴史の研究』(東京・叢文閣、1934年) 第327ページ以下。

性的原理的合成物",①并且这种"国体"优位于"立宪政治"。此后伊藤博文基本上继承了岩仓的制宪纲领,只是较之于国体更倾向于重视政体问题。②

但作为明治宪法的主要设计者,伊藤博文首先考虑的还是确定"国家之基轴"。就此,他明智地选择了天皇皇统,并将其作为"在欧洲文化的上千年历史中起到'基轴'作用的基督教的'精神替代物'",③即作为一种"以'国体'之名而被称谓的非宗教性质的宗教",④其目的无非就是力图通过这一"国家之基轴"来实现"臣民的统合"。⑤ 在明治二十一年(1888)6月枢密院所举行的、天皇亲临的帝国宪法草案审议会上,伊藤博文一开始就以枢密院院长的身份,披沥了制定宪法的根本精神,其中指出:"宪法政治"起源于西方,但如欧洲各国的宪法政治有其历史上的沿革,其萌芽亦可追溯甚远;而如今日本则不然,为此要制定宪法,必须首先确定"国家之机轴"为何,否则国家必废亡。在欧洲立宪诸国,其宪法政治之发祥不仅有千余年之历史,人民习熟此制度,此外又有宗教这种东西作为其国家机轴,其深入浸润人心,使之归一;⑥反观日本,宗

---

① 長尾龍一「法思想における『国体論』」野田良之＝碧海純一編・前掲書第245ページ。 当然,有研究者也指出,在明治宪法颁布之前,"其设计主持人伊藤博文及其专任助手金子坚太郎之间"也发生过论战,前者认为国体并非日本所特有,其他国家也各有各的国体,并可随着宪法政治的实行而发生变更,但后者则认为"不应该把国体拉回国家的基本结构,而仅以这种形式思考,它是日本特有的东西",而且不可能变更。参见〔日〕鹤见俊辅:《日本精神史(1931—1945)》(全一册),李永炽译,台湾学生书局1984年版,第四回《关于国体》部分,第32页。

② 吉田善明「伝統的国家主義的憲法学の再生」鈴木安蔵編・前掲書第153ページ以下参照。

③ 丸山真男『日本の思想』前掲書第30ページ。

④ 同上,第31ページ;另可参见戴季陶:《日本论》,第5页以下。

⑤ 横田耕一「天皇の存在意義―国民主権と天皇(2)」樋口陽一編『講座憲法学(2)主権と国際社会』(東京・日本評論社、1994年)第237ページ。

⑥ 丸山真男『日本の思想』前掲書第28-29ページ参照。

教力量萎落，可以作为国家机轴的，唯独"皇室"，故此草案亦须"以君权为机轴"。① 在此，伊藤博文虽然没有直接使用"国体"这个用语，但正如丸山真男所描述的那样，被作为"近代日本之机轴"的，正是传统的"国体"。②

明治宪法最终果然不负这种苦心。它可谓"在'国体论'的框架中，嵌入了普鲁士型的立宪君主制"。③ 如前所述，其第一章即题为"天皇"，其中第一条明确规定："大日本帝国由万世一系之天皇统治之。"该条款虽然没有直接采用"国体"概念，但国体观念已在宪法条款的语义脉络中得到了体现。宪法颁布后，各种宪法解说书籍迭出，其中伊藤博文《日本帝国宪法义解》一书最具权威性。该书开宗明义即指出："天皇宝祚，承之祖宗，传之孙子，国家统治权之所在也；宪法特揭大权明记于条章者，非表新设之意也，以见固有之国体，因之而亦巩尔。"④

国体观念在日本帝国宪法中的实定化，是国体概念史上的一个重要事件。它不仅使得国体概念成为一个法政概念，而且发展成为日本近代法思想史上的一个思想形态，⑤甚至成为整个"近代日本之基轴"。⑥

当然，通过明治宪法中上述的那些条款，尤其是其中的第一条，日本传统国体概念的核心意涵得到了反映，但在宪法学上尚未得到理论化，尤其是其第四条的存在，也为天皇制的另一种理解留下了解释学上

---

① 丸山真男『日本の思想』前揭书第30ページ。
② 同上，第28 - ページ以下参照。
③ 野田良之＝碧海純一编・前揭书第245ページ。 在明治宪法制定过程中，伊藤博文赴欧洲考察，师从维也纳大学施坦因教授等人，形成了立宪君主制的构想。鈴木安藏『憲法の歴史の研究』（東京・叢文閣、1934年）第327ページ以下参照。
④ 参见〔日〕伊藤博文：《日本帝国宪法义解》，沈纮译，载戴昌熙编：《日本宪法义解》，上海金粟斋译行，光绪辛丑年，第1页。
⑤ 野田良之＝碧海純一编・前揭书第227ページ以下参照。
⑥ 丸山真男『日本の思想』前揭书第28ページ以下参照。

第一章　国体

的空间。这就使得国体概念的展开不得不进入一个新的历史阶段,即如何通过宪法学对其内涵加以诠释,使之得以体系化和精致化,并付诸国家体制的具体运行。① 于是,在明治宪法初期,一个以国体观为核心概念的宪法理论体系很快便应运而生,此即穗积八束的"国体宪法学"。②

"国体宪法学"可谓亚洲宪法学的先驱形态,③并如下文所述,在明治宪法学说史上曾先后两度雄踞权威学说的地位,以致碧海纯一、长尾龙一等现代日本法学理论家均将"国体"概念作为"日本近代法思想史"中的一个重要篇章加以定位。④ "国体宪法学"的出现,标志着国体概念史在日本的发展从以观念史为主轴的阶段,进入了以宪法解释学为坐标的历史时期。

穗积八束出身世家,也是日本近代著名法学家穗积陈重的胞弟。

---

① 当然,丸山真男则认为,由于"国体"概念在意识形态意义上继承了某种"固有信仰"以来的无限定的包容性,为此就被尽量回避因某种特定的学说或定义而被"理论化"。丸山真男『日本の思想』前掲書第33ページ。

② 古川純「日本国憲法前史」樋口陽一編『講座憲法学(1)憲法と憲法学』(東京・日本評論社、1995年)第81ページ以下参照。

③ 日本法史学者家永三郎曾指出,在明治宪法诞生之后,当时日本即出现了一种"学术型宪法学",有别于其他政论家、媒体人的宪法谈议,穗积八束等人的宪法理论,即可视为这种"学术型宪法学"的"先驱形态"。家永三郎『日本近代憲法思想史研究』(東京・岩波書店、1967年)第67-68ページ。 作为亚洲宪法学的先驱形态,穗积八束的国体宪法学不乏卓见,至少在当今亚洲宪法学者之间尚具影响力的一些宪法学说,均可追溯到它那里。比如,穗积很早就认识到国家三要素论,指出:国家乃"以一定之土地及人民为基础、以独立之主权实行统治之团体"。穂積八束『憲法大意』(第22版)(東京・有斐閣、1914年)第1ページ。 又如,虽然如下所述,穗积的学说具有极为保守的国家主义倾向,但已认识到立宪主义的精神,从而指出:"夫立宪之大意,乃在权力之分立与法治之主义。权力之分立者,即以权力制权力也。法治之主义者,则无非以法则拘束权力,一同防止权力之专制,以期政治之公正也。"同上、143ページ。

④ 在日本现代著名法学家野田良之、碧海纯一所编写的《近代日本法思想史》中,专门有长尾龙一所撰写的《法思想中的"国体论"》一章。長尾龍一「法思想における『国体論』」野田良之=碧海純一編・前掲書第227-270ページ。

他家学渊源，自幼浸淫日本国学，大学时代入读东京帝国大学，毕业时即蒙井上毅、伊藤博文的特别关照，留学德国多年（1884—1889），师从当时德国著名宪法学权威拉班德（Paul Laband, 1838—1918）。[①] 在明治宪法颁布前不久，穗积学成归国，旋即成为东京帝国大学教授，担纲该大学宪法学的第一讲座，俨然有"宪法学王子"之气象，[②]很快成为名重一时的帝国宪法学权威。

然而，穗积八束虽在问学过程中也曾相继受到奥斯丁的分析法学、拉班德的实证主义法学的濡染，留学归国后亦曾放言"余将援用拉班德研究法等，讲述我宪法法理"，但似乎并没有修得拉班德宪法学的那种"非政治性"的神韵。相反，甫回国的各种言行，便在那些对他的留学成果颇为关注的时人眼里，映现出了"露骨迎合权力"的印象，甚至连后来成为其忠实弟子的上杉慎吉，在早期也曾斥之为"曲学阿世"的"御用学者"。[③]

然而，在方法论上，吾侪应该看到，穗积宪法学终究并未完全背离拉班德所力主的基本立场，即法学的任务应严格限定在实定法的逻辑建构之内；而且，正如长尾龙一所指出的那样，拉班德的"非政治性"本来就含有"非政治性的政治性"的倾向，[④]其在德国宪法学术史上所谱写的一个著名的案例就是：当年的普鲁士宪法对议会如果否决了预算之后应该怎么办这个问题并无任何明确的规定，而拉班德则通过形式主义的法学论证，从"法理论上"得出结论曰：此时如何处置，应属政府

[①] 拉班德的研究在国内迄今仍较鲜见，姑且可参见林来梵：《法律实证主义方法的故事——以拉班德的国法学为焦点》，载《浙江学刊》2004年第2期。有关移译的介绍资料可参见〔德〕米歇尔·施托莱斯：《德国公法史（1800—1914）：国家法学说和行政学》，雷勇译，法律出版社2007年版，第452页以下。

[②] 長尾龍一「法思想における『国体論』」野田良之＝碧海純一編・前掲書第38-44ページ。

[③] 同上、第38-46ページ。

[④] 同上、第43ページ。

的权限,由此博得俾斯麦的激赏。① 返观穗积八束的国体宪法学,其同样也含有"非政治性的政治性",而且有过之而无不及,至少可谓是一种"非完全去政治性"的理论体系。

穗积八束的保守主义立场也远迈乃师拉班德。如果仅就思想渊源而论,这也可能由于他还同时受到了德国历史法学派的影响。② 如所周知,后者主张法律应该是民族精神的产物,而穗积八束亦极力重视"日本固有之法理",最终形成了一种具有浓厚国家主义倾向的国体学说。故此,从某种意义而言,穗积八束是将"拉班德研究法"和历史法学派的理论立场结合起来,即在理论的形式意义上,吸收了拉班德法律实证主义的方法论,用以对已然存在的实定宪法进行精致严密的逻辑建构,即以宪法解释学的样式,形成自己的理论体系;而在理论的价值导向上,则秉持历史法学派的立场,但并未直接"照抄照搬"当时德国最前沿的宪法学理论,而是一开始便着力于建构一套符合"日本国情"、颇具"日本特色"的宪法学理论,其中,最具代表性,也最为核心的内容,就是他的国体学说。也正因如此,其宪法学说亦被后世称为"国体宪法学"。③

---

① 小林孝輔『ドイツ憲法史』(東京・学陽書房、1980年)第161ページ。
② 長尾龍一即曾指出,穗积八束在留德期间,就曾接触过历史法学派所提出的法是民族精神的产物这种学说,并竭力探求日本历史文化中固有的法理;他还曾受到十九世纪法国著名历史学家古郎士(Fustel de Coulanges,1830—1889)《古代城市》一书的影响,相信"祖先教的日本"与"基督教的西欧"构成了东西方文明的对比。参见:長尾龍一『日本憲法思想史』(東京・講談社、1996年)第43ページ;另可参见同氏:「法思想における『国体論』」野田良之＝碧海純一編・前掲書第249-251ページ。
③ 古川純「日本国憲法前史」樋口陽一編『講座憲法学(1)憲法と憲法学』(東京・日本評論社、1995年)第81ページ以下, 特に93ページ以下。 上杉慎吉亦曾采用"国体宪法"这个说法。上杉慎吉『国体憲法と憲政』(東京・有斐閣書房、大正六年発行)参照。当然,根据日本宪法学者富塚祥夫的研究,穗积八束的这种"国体论"也有一个发展过程,参见:富塚祥夫「日本国憲法学における国体論の展開－穗積八束と上杉慎吉の比較を中心に」『東京都立大学法学会雑誌』第26巻第1号(1985年7月)。 另外,根据铃木安藏先生的看法,穗积八束宪法学说也可定性为与"立宪主义宪法学"相对立的"绝对主义宪法学"。鈴木安藏「穗積八束の憲法学説」『社会科学』第14号(1966年3月)参照。

但由于已然受到实证主义法学方法论的洗礼,穗积国体学说便与先前其他人的国体学说还是具有径庭之别的。如果加以全面分析,我们便可发现:他通过逻辑的方法与非法学的家族国家论相结合的方式,在一定程度上建构起了一整套二元论式的学说体系,这套二元论式的体系具体分为三重结构,由此构成了其"国体宪法学"的核心内容。而要把握穗积式的国体概念,则必须逐层透析这三重构造。

第一重二元论式的学说是国家与社会的二元论。其主要是认为"国家乃权力团体,社会乃平等团体";①其中,国家的成立是发生于宪法之前的一种"事实",为此不受任何(宪)法的约束,其本质要素是统治服从关系;而所谓的"统治主权"也是社会发展的必然事实,由此引出了穗积式国体概念,乃至穗积国家论的另一个基础性概念——主权。穗积并不区分主权与国权、统治权这几个概念,认为主权具有"于其本质上乃唯一、最高、无限且独立"的特性,②并"及于国土与国民之上"③。在这一点上,穗积八束形成了主权绝对主义观,④并作为其国权主义宪法学的核心。值得注意的是,主权绝对主义观在近代不难被接受,但在后世则颇受争议。至于"主权"之归属主体,穗积八束不接受同时代德国主流国家法学的一个重要观点,即从国家法人说的立场出发,认为主权乃归属于具有法人格的国家本身;在穗积看来,主权成立于国家之成立,当然归属于国家,但认识到这一点并没有回答有关主权归属的实质问题,即主权究竟是归属于国家之中的何人之手。这就引出了所谓"国体"的问题。

穗积国体学说体系中的第二重二元论式的构造,即国体与政体的二

---

① 長尾龍一編『穂積八束集』(東京・信山社、2001年)第42ページ以下。
② 穂積八束『憲法提要』(東京・有斐閣、1935年)第11ページ。
③ 同上、第170ページ。
④ 長尾龍一「穂積憲法学雜記」前掲書第69ページ。

元论。这是涉及国家形态的一种分类理论,即从国家形态之中区分出了"国体"与"政体"两个具体方面。穗积将国体与政体这两个概念加以区分,并最早从宪法学的角度给二者赋予了清晰的定义,他明确地指出:

> 谈宪法者将国体论与政体论加以混同,此乃时弊之一也。国体因主权之所在而异,政体由统治权行使之形式而分。以神圣不可侵之皇位为主权之所在,此乃我君主国体也。以民众为主权之本位,此乃民主国体也。谓专制或谓立宪制,此乃政体区别之谈,无关乎国体之异同。统治之全权由唯一之宪法机关行使之者,专制政体也。由立法行政司法之三权各特立机关行使之者,立宪政体也。①

穗积有关国体与政体的这种二元论,在逻辑上看似拥有严整匀称的结构,实则蕴含着内在的矛盾。正如已有日本学者所指出的那样,他一方面在政体论上将权力是否分立作为判断立宪与专制的具体标准,另一方面则在国体论上主张主权单一不可分的观念,并且将日本的君主主权加以实体化,这至少在外观上就形成了矛盾。本来,在近代德国国法学者之间,这种矛盾或者是通过主权(或统治权)概念的抽象化、理念化来解决的,即认为国家活动即使独立于君主的自然意志,②名义上也是归属于君主的,为此将"君临而不统治"也作为君主主权的一种形态;或者干脆持国家法人说的立场,将国家主权的统一性理解为国家作

---

① 有关穗积八束对于国体与政体之关系的见解,其论述颇多,有代表性的,可参见:穗積八束『憲法大意』(東京・八尾書店、1897 年)第 1 ページ以下。 まだ穗積八束『憲法提要』前揭書第 29 ページ以下。

② 这里所言的"自然意志"是相对于"法律意志"的一个概念,简单说就是君主作为自然人的意志。

为法人格的这种理念上的统一性,从而化解了实定法秩序中的权力分立与主权单一性之间的矛盾。而穗积则拒绝作出这样的解决,为此不免在实定法上陷入了矛盾。① 此可谓其理论上的一个重要破绽。

然而,有关国体政体二元论这一学说,虽然对于今日的学者而言已颇为平易无奇,但在当年,无论是对于日本还是对于国际上的法政学界来说,则均是一个具有创新意义的学说。

应该指出的是,有关这种国体与政体的二元论,虽然今日的许多中国学者或许以为是从西方移植的理论,而且具有普适性的分析功能,② 但实际上,这个问题则颇为复杂。首先应该承认的是,在近代西方法政思想中,并无与国体和政体这两个概念完全对应的概念区别。穗积本人即曾指出:"此二者之辨别未能得以明确,又或否认此分别,此倾向之存在,实乃欧洲宪法论之通弊也。"③ 相反,在近代,甚至更早之前的日本政法思想界,则已然明确存在了国体与政体之区分,并非穗积所首

---

① 長尾龍一即认为穗积将作为自然人的君主的自然意志直接作为国家意志看待,为此难免陷入实定法上的矛盾。長尾龍一「法思想における『国体論』」野田良之=碧海纯一编・前揭書248-249ページ参照。 当然,作为日本当今最具有代表性的宪法学者之一,高桥和之教授则指出,穗积八束已意识到国权(主权)的不可分性属于国体的问题,权力分立则属于政体的问题,二者层面不同,不会发生矛盾;但他也承认,在穗积八束看来,统治权的"行动"是受宪法制约,而统治权的发动则不受宪法约束,因为宪法本身就是统治权者制定的。在这一点上,穗积的方法论虽然自我标榜为法律实证主义,实际上是属于施米特性质的,而难言属于法律实证主义的。高橋和之「西欧立憲主義はどう理解されたか-穗積八束の場合」高橋和之編『日中における西欧立憲主義の継受と変容』(東京・岩波書店、2014年)第3ページ以下参照。

② 如在前引的李龙、周叶中《宪法学基本范畴简论》一文中,国体与政体便列为宪法学的基本范畴。参见李龙、周叶中:《宪法学基本范畴简论》,载《中国法学》1996年第6期。

③ 穗積八束『憲法提要』前揭書第55ページ以下。 在此值得补充说明的是,在穗积之前,德国的赫尔曼・雷姆(Hermann Rehm)以及里夏德・施密特(Richard Schmidt)等人,也曾经区分了 Verfassungsform 与 Regierungsform 这两个概念,但根据美浓部达吉的说法,这种区分与穗积的有关国体与政体的分类在性质上并不相同。長尾龍一「穗積憲法学雑記」前揭書第72ページ参照。

倡。在他之前，日本即有"和魂洋才"、勤皇论与立宪制的二元论；[1]而正如上文所述，此前的加藤弘之更是明确地在《国体新论》(1874)之中提出了"国体"与"政体"的区分；较之更早的1868年，当时日本政坛名宿秋月种树(1833—1904)在为加藤弘之的《真政大意》一书所作的序中，就曾提出了"重君者为我国之国体，保民者为我国之政体"的主张。[2] 由此可见，穗积有关国体与政体的二元论之概念区分的框架本身，至少在一个方面，有可能是直接受到了日本本土理论，尤其可能是受到了对穗积八束曾产生过重大影响的加藤弘之的学说的启发而形成的。但另一方面，也不能排除西方个别学者之学说对他的影响。有资料显示，在穗积八束当年就读于东京帝国大学期间，该大学法学部所聘请的德国籍政治学教授卡尔·拉思根(Karl Rathgen，1856—1921)就曾在其《政治学》的课堂讲义录中，留下了将国体与政体加以区别的说法。据长尾龙一判断，"此说的渊源或许就是拉思根"。[3]

但值得指出的是，尽管"国体"与"政体"的二分法本身非穗积所首创，然而从上面所引的资料中也可看出，穗积首次从宪法学的角度给二者分别赋予了清晰的定义，从而完成了一种独具日本式的内容与特色的法政学说，在这一点上，颇不同于西方的有关学说。

在西方一般的法政理论中，内容上与此最为接近的学说应是有关政体的学说。在这一方面，亚里士多德的政体分类理论，当然是具有不朽的影响力的经典。众所周知，亚里士多德并没有区分所谓的"国体"

---

[1] 所谓的"和魂洋才"，类似于中国清末张之洞的"中体西用"论，而有趣的是，穗积确实也曾经将国体与政体的区别，创造性地在"主权之体"与"主权之用"的对照中加以把握和阐述，从而上升到东方哲学的理论高度。参见：『穗積八束博士論文集』(東京·有斐閣、1943年)第8-9ページ。
[2] 長尾龍一「穗積憲法学雑記」前掲書第72ページ。
[3] 長尾龍一「法思想における『国体論』」野田良之＝碧海純一編·前掲書248ページ参照。

和"政体",而是按照统治者的多寡这个标准,区分了君主制、贵族制和共和制这三种"政体"。不过,有意思的是,亚里士多德进而认为它们分别对应了三种堕落形态,即僭主制、寡头制和平民制,这样,实际上就搭配出六种不同的政体类型,具体而言:当统治者为一人、受益者为所有人时,这种政体为君主政体;当统治者为一人,而受益者为统治者自身时,政体即堕落为僭主政体;当统治者为少数人、受益者为所有人时,政体为贵族政体,而当统治者为少数人、受益者为统治者时,政体即堕落为寡头政体;当统治者为多数人、受益者为所有人时,政体为共和政体,而当统治者为多数人、受益者为统治者自身时,政体则堕落为平民政体。① 在亚氏的这个分类中,似乎已经蕴含了按"谁统治"与"谁受益"这两个略有不同的标准,但问题是"谁受益"这个标准只是从属于"谁统治"这个标准的,而不能单独成立。

继亚里士多德之后,对国家形态做出具有重大影响力分类的代表性思想家不少,其中,马基雅维利(1469—1527)不可忽视。马基雅维利所用的"国家形态"这个概念,意大利文为 governo,中文上亦被译为"政体"。与亚里士多德一样,马基雅维利也以权力保持者的多寡作为标准,但却简约地采用了君主制和共和制这种二分法。② 此后,这个具有高度形式性的分类法一直为西方众多的政治思想家和公法学者所接受。③

时至博丹(1530—1596)在《国家论》中系统地确立了"主权"的概念之后,他即根据作为"绝对且永久的国家权力"的主权究竟归属于一人、人民的一部分还是全体人民或人民的大部分,而将国家区分为君主、贵

---

① 〔古希腊〕亚里士多德:《政治学》,吴寿彭译,商务印书馆 2009 年版,第 181—182 页。但本文所采用的译词有所改变。See Aristotle, *Politics*, trans. Ernest Barker, Oxford University Press, 1995, pp.135 - 136.
② 〔意〕马基雅维里:《君主论》,潘汉典译,商务印书馆 1985 年版,第 19 页。
③ G.イエニネク『一般国家学』芦部信喜他訳(東京・学陽書房、1974 年)第 536ページ参照。

族和民主三种类型，法文称为 formes de la République，可直译为"国家形态"。① 但日本当代宪法学者杉原泰雄则将其译为"国体"。② 19世纪德国的国法学就吸收了上述这些分类学说，但将其主要理解为是有关 Staatsform 的分类，而此概念本意为"国家形态"，即国家在形式意义上的组织形态。③ 在这些国家形态论中，尽管国家形态本身存在二分法和三分法的区别，但分类的标准总体上更趋一元化。

之所以在此特意提到这一点，是因为如前所述，穗积八束本人的学术背景正可以追溯到 19 世纪的德国国法学，其导师拉班德便是德国近代国法学的代表性人物之一。

自明治宪法初期开始，日本法政学界一般均将 Staatsform 译为"国体"，而非"国家形态"。其中作为最早留德回国的宪法学者之一，穗积八束是最早采用"国体"这一概念去移植德国近代国法学中有关国家类型理论，并建构了上述有关国体政体二元论宪法学说的日本学者。④ 不仅如此，穗积八束还没有照搬当时德国的学说，而是在这个方面做了如下三点理论上的变造：

第一，作为法学定义之对象的"国体"这个概念装置，本来只是东方式的语词，但在穗积那里，则被赋予了"主权之所在"这样西方式的法政内涵。至于这种概念的直接源流，长尾龙一曾指出，其接近于德国的 Staatsform 的含义，即德国近代国法学中所说的"国家形态"；⑤ 有学者更明确指出，穗积是受到德国塞德尔（Seidel）等人的影响，将德

---

① 杉原泰雄『憲法Ⅰ・憲法総論』（東京・有斐閣、1987年）第96－97ページ。
② 同上、第96－97ページ。
③ 这个说法可参见：田上穣治編『体系憲法辞典』（東京・製林書院新社、1968年）第33ページ「国体と政体」に関する説明文。
④ 同上；八条隆孟・前掲書75ページ。 まだ川口暁弘「憲法学と国体論－国体論者美濃部達吉」『史学雑誌』（東京大学史学会）第108編第7号（1999年）。
⑤ 長尾龍一『日本憲法思想史』前掲書第19ページ。

国近代国法学中的 Staatsform 一词,移译为"国体",从而在法学的意义上将其定义为主权之所在的。① 如果这个说法成立,那么断言:穗积八束是将德国国法学中的"国家形态"(Staatsform)这个概念中的部分内涵,具体而言就是其中所蕴含的类似于"谁统治"这个传统分类标准的遗蜕元素吸收了过来,植入到了日本式的"国体"这个用语之中的。②

第二,从亚里士多德式的、蕴含了"谁统治"之标准的政体概念,到马基雅维利的政体概念,再到德国近代国法学中的 Staatsform 这个概念,实际上经历了不断从实质性概念到形式性概念的演化过程。毋庸置疑,马基雅维利曾经是这个过程的重要推手,但它最终是由德国近代国法学刻意完成的,以满足法律实证主义意义深远的理论追求。而穗积八束则反其道而行之,将"谁统治"的标准提到"主权之所在"这个层面上加以表述,与此相应,从"国家形态"到"国体"的置换,便遽然实现了从形式性概念到实质性概念的深刻转化。在这一点上,穗积八束也为其"国体"概念的非法学意义,即下文将要论及的伦理的、文化意义的部分,预留了充填的意义空间。

第三,值得注意的是,穗积八束并没有简单地将 Staatsform 的内涵全部注入"国体"这一概念之中,而是将前者分为两个部分,分别以

---

① 田上穣治編『体系憲法辞典』前揭书第33ページ。 正因如此,就穗积式国体概念之中的这个部分而言,其与早期加藤弘之的国体概念不同,并非一种实质分类,而与 Staatsform 的德语原意"国家形态"一样,也具有一种形式性,并从这种形式性中获得了普适性,可用于分析各国的国家体制。

② 根据日本战前学者八条隆孟的研究,当时日本宪法学者一向将德国国法学中的 Staatsform 一语译为"国体",而穗积八束则将其引入宪法学之中。具体而言,Staatsform 通常有"国家形态"之意,据部分学者的看法,又可分为 Staatsform im engeren Sinne(狭义的国家形态)与 Regierungsform(政治形态),而穗积八束则将作为概括性概念的 Staatsform 称为"国家之体制",而将其中的 Staatsform im engeren Sinne(狭义的国家形态)与 Regierungsform(政治形态)分别称为"国体"与"政体"。八条隆孟・前揭书第75-77ページ参照。

"国体"与"政体"这一对概念加以表达,①由此发展了当时日本独有的"国体政体二元论"宪法学说。在推动"国体"概念内涵的实质化之际,穗积八束并没有完全取消了形式性的概念,而是从"国体"这个概念中特意区分出了"政体"这一术语,将其理解为"主权行使的形式",以此为基准,将其区分为立宪政体与专制政体,为此也就在这个概念之下安排了立宪制度的出路。尽管从今日看来,立宪政体与专制政体的区分难言是一种形式性的分类,但在穗积八束当年的学说中,立宪制度只是被理解为一种次要的形式性的东西,沦为一种终究是为这个重大原理服务的工具。

应该看到,有关主权之所在以及主权行使的形式这两项内容,在自亚里士多德的传统学说中,本来都笼统地属于政体的内涵,但被穗积明确分开了。也就是说,穗积将亚里士多德以来的"政体"这个概念中的"谁统治"这一要素独立提取了出来,转换为"主权之所在"的表述,形成"国体"概念的核心,然后留下了一个狭义的政体概念,又回头梳理了新的"国体"与"政体"这两个概念之间的关系。穗积学说的另一个理论意义在于,它当然是接纳并维护君主制度的一种宪法理论,但基于其所采用的那种更为狭义的政体概念,它在政体分类之中颇为准确地厘清了近代西方各国对"立宪"(或"宪政")这一与"专制"概念根本对立的用语的理解,这在当时的东方各国政治文化语境之下,也具有一定积极的启蒙意义。

穗积国体学说体系中的第三重二元论式构造,就存在于他的"国体"这一概念本身之中。换言之,穗积式国体概念所拥有的内涵并非上述穗积本人的定义那样单纯,而是同样蕴含了一种复合的结构。② 对

---

① 据八条隆孟的分析,穗积所说的"国体"与"政体"这一对概念,相当于德国近代国法学中的 Staatsform im engeren Sinne(狭义的国家形态)与 Regierungsform(政治形态)这两个概念。八条隆孟・前揭書第 77 ページ参照。

② 山本武秀「『憲法』と『憲法典』－穗積八束の憲法学再考」『秀明大学紀要』第 2 号(2005 年)参照。

此,长尾龙一即指出,"穗积的国体概念,具有日本性质与西欧性质的两义性"。① 应该说,穗积背离了拉班德法律实证主义有关法律与伦理、宗教严格相分离的立场,但建构了更具有日本特色的国体概念。② 详言之,其国体概念的内涵,主要是由如下两个部分构成的。

第一部分是上述的那种法学定义,即将国体理解为"主权之所在"。从"主权"观念源之于西方这一点而论,这个部分应该是属于"西欧性质"的。

而第二部分则是属于伦理的、文化意义的部分。在这一点上,穗积沿袭了会泽式国体概念以来日本主流国体论者对于"国体"的诠释传统,叙述道:"我万世一系之皇位,乃为我民族之始祖的天祖之灵位,且由其直系之皇统即此大位,代表天祖之威灵,君临天祖之所仁慈垂爱之子孙",而这就是"我建国之基础、国体之精华";③但另一方面他也断言,"国体即我固有之制度与固有之道德观念之结晶"。④ 由此可见,他不仅没有力图在国体概念的内涵中拂拭政治神学的投影,反而直接保留了其寄身的空间。在那里,他竭力以日本传统的祖先崇拜的宗教以及家族国家观的意识形态去补强明治宪法所确立的天皇主权。他力图将这种非法学的阐释提升到某种类似于政治神学的层面。因为,穗积在这里所论及的"国体",已然有别于上述第一部分法学定义的那个对象了,而且作为这种"国体的精髓"⑤的君主制,也不是一般国法学或国家制度类型学意义上的那种普通的君主制,而被理解为一种根植于日本自身固有的伦理传统,并且具有某种独特的优越性的君主制。此则

---

① 長尾龍一「穂積憲法学雜記」前掲書第71ページ。
② 山本武秀前掲文参照。
③ 『穂積八束博士論文集』前掲書第447ページ。
④ 同上、第894ページ。
⑤ 間宮莊平「穂積八束の天皇国体論についての一考察」『京都産業大学論集』第20巻第1号・社会科学系列第9号 (1991年)。

长尾龙一所言的"日本性质"。

由上观之,穗积的作为法解释学意义上的"国体"概念,透过国家法学与政治神学在其内涵中的耦合,形成了这样的特点:它不仅拥有了清晰的、具有一定可普遍化的法内容,而且将这种内容嵌入先前早已在日本预备好了的那种伦理、文化意义的底座之上,使二者彼此契合,互为一体,并在一定程度上具有自我正当化的功能。质言之,在其国体内涵的两个构成部分之中,作为传统伦理、文化意义的那个部分,俨然不断地向作为法政意义的那个部分传递一种神秘的效应,从而有效地强化了将天皇制国家加以正当化的功能。如果返回世俗的意义世界,穗积的这种国体论,即使被诟病为"迎合权力"也不足为怪。但平心而论,如果从宪法学的角度而言,其持论本身并不是无根之游谈,也有别于直接依靠"神话、虚构和夸饰"等手段所建构的那种伦理的、文化意义上的国体概念,而是在明治宪法上拥有规范依据的。如前所述,作为所谓的"国体条款",明治宪法第一条规定:"大日本帝国由万世一系之天皇统治之",而穗积国体论中的伦理的、文化意义的部分与法政意义的部分,即分别对应了其中的"万世一系"和"天皇统治之"这两个相互联结的语句结构。

当然,或许有人会说,明治宪法第一条本身就凝结了依靠"神话、虚构和夸饰"等手段所建构的国体观,而穗积的国体学说不仅没有拂拭这一点,相反,作为法律实证主义的学说却对此加以完全的因袭。这种判断不无道理。然而,我们要看到,穗积毕竟是一个法学家,他的主要任务不在于直接说明伦理的、文化意义上的"国体",而是在于诠释那个已经结晶在宪法规范中的"国体条款"。另一方面,穗积的因袭也不是没有扬弃的,如上所述,他的国体概念之中,就毕竟存在着法学定义这个部分。

四、日本宪法学说史上的"国体争论"

纵观穗积国体论的三重构造,从今日的学说看来,或许有人会认为似乎并没有多少理论高度。尤其在当今中国,穗积式的国体政体二元论业已成为耳熟能详的法学定理,为此极易给人这种判断。而在战后日本学界,由于国体宪法学在理论上的破绽以及政治上的极端保守性,其在当今日本学界主流中亦备受针砭,并已受到蔑弃。①

然而,如果我们从穗积八束本身无法完成的"去政治化"这一角度加以评价,应该说,国体宪法学也具有双面性:一方面,它是一种极端保守的国家主义学说,甚至基于这种性质,在上世纪三四十年代的日本仍成为军国主义时期的主流学说;另一方面,必须承认的是,作为一种学说,国体宪法学,尤其是其中的国体政体二元论也具有不容小觑的历史意义。而国体宪法学的最终命运之所以那么不堪,主要是在此双面性中,其中的第一方面较为重要,也受到了现在日本学人的重视,为此遮蔽了第二方面。

笔者认为,上述第一方面是不容否定的,而且确实也是极为重要的;但从学术的角度而言,我们也有必要对第二方面做出公正的评价。而唯有从国家类型学的整个国际学说史发展脉络以及近代亚洲国家的历史处境之中,才能重新完成这种评价。

从国家类型学的整个国际学说史来看,在国体和政体这两个概念得到区分之前,国家形态的分类标准大多是一元性的。

穗积的国体学说实际上曾经使西方此前的国家类型学在东方式的

---

① 有关这种总结性的且具有权威性的评价,参见:長尾龍一「穂積八束(1860－1912)－国権主義の憲法学者」『法学教室』(1994 年第 4 号)第 67 ページ。

独特用语之中得到了一种更为细致化的发展;也使得"国体"这个语词不再像井上毅曾经所说的那样,是一种在学术上难以得到解释的东西,仅属于信仰的范畴。而是发生了一个飞跃,即可以依托于宪法规范自身,在逻辑上得到严密的诠释。而且这种诠释系统本身,在其所对应的实定宪法上的规范依据与逻辑结构的前提下,有效地调和了西方立宪主义与东方国家自身传统之间的紧张关系,并将它们熔于一炉,从而回应了当时日本的时代课题。这不仅具有里程碑的意义,而且也确立了某种典范。清末中国立宪派几乎毫无障碍地移植了穗积式的国体学说,作为力主君主立宪之正当性与可行性的依据,擘画预备君主立宪的构想,开启立宪主义在中国发展的先河,也是一个明证。

但应该承认的是,明治宪法的国体条款本身就凝结了政治神学意义的国体观,而作为法律实证主义的学说,穗积的国体宪法学不仅没有拂拭这一点,相反,却对此加以完全的因袭。如果说在方法论上,拉班德的"非政治性"本来就含有"非政治性的政治性"的话,那么穗积的"非政治性"更没有获得适当的法的形式性,其"政治性"更为露骨。

不过,由于穗积式国体概念乃依托于明治宪法规范之中,在解释学上具有根基,也形成了一个相对比较严密、完整的逻辑结构,从而也更为有力地回应了日本帝国自明治维新时期以降将天皇制加以正当化的政治要求。为此,日本的"国体"概念,就曾一度在穗积八束所界定的上述内涵之上相对安定了下来,由此确立了官方正统的国体观。

尽管如此,这种偏向保守主义的国体论,也在当时日本的学术界受到了猛烈的挑战。早在穗积八束从德国学成归国后不久,针对其有关"天皇即国家"等学术言论,同样留德出身,并更早成为东京帝国大学教授的有贺长雄,就曾提出过颇为尖锐的批判,并主张天皇只是国家机关,而非国家本身;主权者也非绝对的,而是居于法之下。[1] 至明治末

---

[1] 長尾龍一『日本憲法思想史』前揭書第 44-45 ページ。

期,随着立宪主义在日本的发展,穗积的保守主义国体论更是受到了激烈的挑战。在穗积八束学术生涯末期的1911年,时任东京帝国大学法学部教授、此后成为日本立宪主义宪法学鼻祖的美浓部达吉博士,即对穗积宪法学提出了根本的质疑,其着力点,就是穗积的国体概念。

美浓部达吉早年出身于东京帝国大学法科,大学期间亦曾修读过穗积八束的宪法课程,毕业后曾游学德、法、英三国,在德国期间受到继拉班德之后德国近代国法学的另一位代表性人物——耶利内克(Georg Jellinek,1851—1911)学说的影响,学成归国后任东京帝国大学教授,讲授比较法制史、行政法等科目,并在学术研究上积累了深厚的实力。

美浓部达吉从近代德国的国法学中吸收了处于通说地位的国家法人说,认为:国家本身在法律上具有人格;任何国家的"统治权"(主权)都归属于作为法人的国家本身;但为了使它能够进行意思决定并可以行动,就需要机关去承担这些行为的实施,而天皇就属于这种国家机关之一,也可以说是日本国家的最高机关。[①] 美浓部的这一观点,也被称为"天皇机关说"。

自清末民初以来,许多中国法政学者一般均认为美浓部达吉的理论比穗积国体论更具有理论上的卓见。这个见解在很大程度上是正确的。但如果追溯到德国近代国法学的源流中去,便会发现美浓部达吉的这个理论,几乎只是对近代德国公法学界中居于通说地位的有关学说的祖述。[②] 而且从今日的视点看来,美浓部达吉博士似乎还对前述

---

① 長尾龍一『日本憲法思想史』前揭書第20ページ参照。 有关美浓部的国家法人说,参见同上书,第155—158页。有关美浓部达吉对穗积八束学说的批判,参见:鈴木安藏「穗積八束『憲法提要』における基本的理論」『立正法学』第4卷第1号(1970年8月)。 国内的有关研究,可参见韩大元:《美浓部达吉立宪主义思想研究》,载《比较法研究》2010年第4期。

② 长尾龙一即有这样的判断。長尾龍一『日本憲法思想史』前揭書第20ページ参照。

的穗积式国体概念之内涵中的二元构造进行了刻意的切割,并有意识地回避了明治宪法第一条中有关"由万世一系之天皇统治之"这样的明文规定对其自身学说的约束。当然,这也正是美浓部达吉的高明之处。但同样高明的是,美浓部达吉在这里所应用的国家法人说,也是同样留德出身的穗积、上杉一方所难以抵御的理论武器。①

不仅如此,美浓部的学说也具有严密的逻辑力量。美浓部在国家法人说的基础上,提出了与穗积八束的"国体论"截然相对的"政体一元论"。他首先从 Staatsform 这个概念的含义开始展开批判,指出:

> 近时有论国体之事者,多以国体之语作为法律上纯然之观念,普通均在相当于德语中的 Staatsform 之意义上用之。然 Staatsform 之观念仅意指基于国家之宪法即政治组织之差异者,其意与 Verfassungsform 又或 Regierungsform 同,于我普通之用语中乃相当于政体,如所谓君主政体共和政体者,即此之谓也。②

美浓部达吉在这里所主张的,可谓是一种"国体概念取消说"。他针对穗积八束的"国体政体二元论",提出了截然相对的"政体一元论",主要手法就是将穗积八束所言的"国体"作为"政体"的一部分内容,一并纳入传统广义的政体范畴之中。按照穗积八束等人当时所确立的通说,"国体"首先指的是主权之所在,同时还指国家结合形态(如单一制或联邦制等);而政体则指主权的行使方式,区分为专制政体或立宪政体。

---

① 从学术史上的思想脉络而言,德国公法史上的拉班德、耶利内克均主张国家法人说,而穗积八束和上杉慎吉则分别为拉班德和耶利内克的亲传弟子。同上、第69ページ参照。
② 美濃部達吉「帝国の国体と帝国憲法」『法学協会雑誌』第21卷第6号。 川口暁弘「憲法学と国体論－国体論者美濃部達吉」前掲文。 美浓部对穗积国体论较早的批判,可参见:美濃部達吉『憲法講話』(東京・ゆまに書房、2003年) 第45－48ページ。

而美浓部将这三者全部聚拢起来,合称"政体",再在其中具体区分出君主主义与共和主义、专制主义与立宪主义、联邦主义与统一主义这三点内容。① 根据这个政体理论,当时日本的政体,即被理解为君主主义、立宪主义、统一主义,换言之,即属于中央集权性质的立宪君主政体。②

美浓部之所以主张在实定宪法的解释学层面上取消"国体"这个概念,其主要理论依据,正如前所述:国家本身在法律上就具有法人格;无论任何国家,所谓的"主权",均归属于作为法人的国家本身,为此根本没有必要根据"主权之所在"再来判断和区分国体;当然,由于国家作为"法人格",为了使它能够进行意思决定,并可以行为,就需要自然人作为它的机关去承担这些行为的实施,比如在明治宪法之下,天皇就属于这种国家机关之一,也可以说是日本国家的最高机关。③ 显然,美浓部达吉的这种观点是从前述近代德国主流国家法学中吸收了耶利内克等人所主张的国家法人说而形成的,其实质是以国家法人主义的国家主权说对抗穗积所主张的带有神权主义倾向的天皇主权说。

面对美浓部达吉的猛烈挑战,学说史上所记载的穗积八束颇为激愤,但因其本人在此之前就抱病在床,为此乃由其忠实的弟子、同时也是他在东京帝国大学的后继者上杉慎吉代为出阵,与美浓部达吉展开了几个回合的论战,他本人则在私下通过书信的形式与上杉沟通。④

---

① 美浓部早期有关政体的表述则有所不同,其认为:政体即"国家机关的组织",首先可分为君主政体与共和政体两大类别,其中,君主政体又可分为世袭君主政体与选举君主政体、专制君主政体与限制君主政体等,限制君主政体又进一步可分为各种类型,其中立宪君主政体则是最新的形态;共和政体则又可分为寡头政治、贵族政治和民主政治。参见:美濃部達吉『憲法講話』前揭書第 23-45 ページ。

② 参见:川口暁弘「憲法学と国体論-国体論者美濃部達吉」前揭文。

③ 美濃部達吉『憲法講話』前揭書第 23 ページ。 国内的有关研究,可参见韩大元:《美浓部达吉立宪主义思想研究》。

④ 日本史家在上杉家藏的有关资料中发现,在国体争论期间,穗积至少给上杉写过五封信件。信件原文可见:長尾龍一『穂積八束集』前揭書第 210-218 ページ。

然而，由于上杉与美浓部的理论水平存在差距，而学界与言论界也多倾向于支持美浓部的新说，加之护宪运动已成为当时的历史潮流，为此上杉慎吉最终在争论中落败。这就是日本宪法学说史上著名的"国体争论"。①

这场国体争论，从某种意义上而言，也可谓是一场围绕着作为实定法学的宪法学上的"去政治性"的斗争。如细加分析，双方的争点主要只是在于"国体"这一用语是否可以成为实定法学上的一个概念，而非"国体"本身是否存在、国体概念本身是否可以成立的问题。值得注意的是，其实美浓部对于"国体"的立场也是复杂的。在这场国体争论中，他本身也承认日本传统中存在一种独特的、历史文化意义上的"国体"，甚至认为日本"古来的政体"中，天皇常常透过大臣的辅弼而临政，"此实为我国体之所存"。② 也就是说，美浓部不仅承认历史文化意义上的"国体"，而且也将其纳入国家组织形态的框架中加以把握，这便已经非常接近法政意义的国体论了。在此意义上可以说，美浓部达吉自始就是一位国体论者。③

然而，与穗积八束不同的是，美浓部的立场可以说是属于实证法学意义上的"国体概念取消论"。就此而言，他与国体宪法学之间围绕着"国体"概念"去政治性"的斗争，乃是在一个十分微妙的理论空间中展开的。具体而言，在美浓部达吉看来，所谓的"国体"，其实就像"国民

---

① 有关这次的国体争论，详见：長尾龍一「上杉慎吉伝」同氏『日本憲法思想史』（東京・講談社、1996年）第75－83ページ。 宫泽俊义在战后新宪法公布后提出著名的"八月革命"说时，仍借用了"国体"的概念，对其论点进行了说明。这有待下文专门论及。
② 美濃部達吉『憲法講話』前揭書第96－97ページ。
③ 相对晚近的部分日本学者也持有这样的观点。川口暁弘「憲法学と国体論－国体論者美濃部達吉」前揭文。 据此也可以解释为何在1946年初日本战后新宪法草案公表之时，美浓部教授居然会提出著名的"国体护持论"。

性"(national character)那样,是一种非法学上的概念;但它又不是一种与法学全然无关的用语,而是可以作为一种"理法"或"作为一种不成文宪法而发挥作用"的"非法学性质的概念",①质言之,就是一种非实证主义法学意义上的概念。在实证主义法学的世界里,美浓部转而将天皇制的定位问题"收纳"在以德国的国家法人说为蓝本所发展出来的天皇机关说之中,其总体上的理论动机不在于反对天皇制("国体"),而是像日本学者指出的那样,乃在于"力图从帝国宪法的解释学说的角度放逐神权天皇制的国体论,展开一种将帝国议会理解为国民代表机关从而尽可能接近英国式议会主义的解释论"。②

国体争论之后不久,穗积殁(1912),年仅 52 岁。此后,上杉慎吉在学界也颇为孤立,并于 1929 年黯然早逝,年仅 50 岁。

穗积在其学术生涯的晚期,就曾在其代表作《宪法提要》(1909)一书中,对其国体论的处境发出过"孤城落日之叹",③而其最终的学术生涯,果然落了个"秋风落寞"。随后,美浓部成为日本立宪学派的代表性人物之一,其学说的影响力陡增,几乎就成为大正时期(1912—1926)日本学界的通说,甚至在高等文官考试中也居于有力的地位。正如长尾龙一所曾指出的那样,随着上杉慎吉的早逝,而且由于穗积门下后继

---

① 在日本,相对于过去形成的通说,较新的研究认为,美浓部宪法学在方法上的特质就在于"以不成文宪法解释宪法条文",为此,美浓部所秉持的国体概念,虽然是"非法学性质的概念",但仍作为一种"不成文宪法"发挥作用,"推导出被揭橥为日本宪法中最为重要的基本主义的君主主义"。川口暁弘「憲法学と国体論－国体論者美濃部達吉」前揭文。 另参见:西村裕一「日本憲法学における国体概念の導入について－明治 15 年の憲法学序説」高橋和之編『日中における西欧立憲主義の継受と変容』(東京・岩波書店、2014 年)第 53 ページ以下。 当然,在此值得一提的是,美浓部的"不成文宪法",乃产生于国家成立之时,其本身被理解为具有拘束国家统治权力的功能,为此明显属于立宪主义的范畴,与当今中国政治宪法学所言的"不成文宪法"不能相提并论。

② 古川純「日本国憲法前史」樋口陽一編・前揭書第 95 ページ。

③ 同上、第 55 ページ参照。

乏人，最终导致在日本学说史上"穗积的学统断绝了"。①

国体宪法学之所以在日本学术史上招致上述的失败命运，与其内部理论的"非完全去政治性"不无干系。诚然，其与美浓部宪法学的学术争论实际上也涉及宪法解释学上的政治对立，即涉及神权天皇制的国体主义与英国式议会主义的分歧。为此，它们之间的争论从某种意义而言并非围绕着是否全面"去政治性"的斗争，而是"去政治化形态"的分歧。质言之，它们同属宪法解释学的谱系，只是去政治化的理论刻度不同。应该承认，与美浓部达吉以国家法人说为基础的国家法学理论不同，穗积八束的国体宪法学在某种意义上是更为锐利的，在当时东方特定文化语境下也是更为有力的。尤其是前者将主权理解为归属于具有拟制意义的人格地位的国家这种典型的法学学说，本来就是一般人所难理解的法学的独特构想，遑论它在一个正处于法治发展进程中的东方国家的文化语境下提出的；而穗积八束不满足于"主权归属于国家"的主张，他进而要追究的是"主权"到底归属于国家之中的何人之手，从而在国家法学中引出了"国体"的概念。这种貌似深刻的追问和洞见，较之于国家法人说的理论，自然更容易在强权政治社会里博得喝彩，但实际上仅仅属于一种实事论上的彻底主义，而非方法论上的彻底主义；在方法论上，它恰恰是不彻底的，恰恰没有真正理解近代实证主义法学的理论堂奥与实践谋略。国体宪法学正是这样踩踏了法学理论应有的藩篱，甚至踩踏了法学理论应有的拟制与假设，最终从实事论上的彻底主义直接倒入政治上保守主义的怀抱。而其所具有的高度政治性的理论特质，也使其在实定法层面上留下了无法克服的内在矛盾，并使其毫无悬念地为神权主义乃至军国主义所利用，成为极端保守乃至

---

① 長尾龍一『日本憲法思想史』前揭書第59ページ。

反动的政治意识形态的理论婢女。

与国体宪法学在日本大正时期的悲凉遭遇不同,自晚清开始,中国居然已有人继承了穗积国体论的"坠绪",在某种意义上赓续了穗积宪法学的学统,并一直延至当今。

以下,将目光转向近代中国,去追踪国体概念发展的流脉。

五、国体概念在中国的移植

前文提及的加拿大学者约翰·S.布朗利不仅认为国体观念是日本最具原创性的政治观念,而且还指出这个观念只曾在日本有效,而对世界上其他国家的政治观念的发展并无些微贡献。[1] 显然,这个见解的后半部分可能是囿于认识上的盲区,有待商榷。

迄19世纪末,"国体"一词在中国还仍然只有古典的语义,但随着外来思想的输入,尤其是在清末"预备君主立宪"过程中,已具有法政含义的国体概念从日本被移植了过来。[2]

如前所论,如果仅从语源学上考辨,"国体"一词最早乃出自中国古籍,但在中国,宪法学前史意义上的"国体"一语,并不如日本江户时代以及更晚的明治时期那样发达。时至1894年,孙中山还曾在《檀香山兴中会章程》内中之"规条"第一条中写道:"是会之设,专为振兴、中华维持国体起见。盖我中华受外国欺凌,已非一日。皆由内外隔绝,上下之情罔通,国体抑损而不知,子民受制而无告。"[3]此时的孙中山已是革命

---

[1] See John S. Brownlee, Four Stages of the Japanese Kokutai(National Essence).

[2] 有关当时日本对晚清预备立宪的影响,国内的研究可参见韩大元:《论日本明治宪法对〈钦定宪法大纲〉的影响——为〈钦定宪法大纲〉颁布100周年而作》,载《政法论坛》2009年第3期。

[3] 广东省社会科学院历史研究室等合编:《孙中山全集·第一卷1890—1911》,中华书局1981年版,第19页。

者,从其文脉来看,这里所言的"国体"一语,自然指的不是"君主制",而仍然带有传统的含义。① 它的出现,至多也只能说明,此时孙中山的民族意识、国家观念或已觉醒而已。无独有偶,据载,1895年《马关条约》签订之后,光绪帝亦曾对李鸿章说道:"台湾一省送予外人,失民心,伤国体。"②此处所言的"国体",同样仍可能指的是国家的体面或国家的整体之类的传统含义。

时至20世纪初,在"预备君主立宪"活动的展开过程中,中国便从当时的日本移植进了作为法政意义上的"国体"概念。也就是说,这个本来就出自本国古籍、自古开始流传到日本的语词,此时已在率先开启了近代化风气的东瀛被赋予了法政的新意,然后再以所谓"词侨"的身份,返回到了中国,并以某种"似曾相识燕归来"的亲和感,在上层统治精英以及知识分子之间开始逐渐流传。

而值得注意的是,这个从日本反向输入的"国体"概念,正是以穗积八束为代表的国体概念。而且,由于这种法政意义上的"国体"概念在日本已经得到了宪法学上的理论化,并成了支撑立宪君主制的意识形态的重要基石之一,同时更由于该概念的理论构造以及现实功能恰好也迎合了当时清王朝统治阶级的需要,为此这个概念在被逆向移植到中国之后,就不仅成为当时清王朝上层统治集团理解君主立宪制的一把"钥匙",而且也为他们构想清末君主立宪的政治蓝图提供了重要的框架。

---

① 当然,有论者联系孙中山后来对所谓"国家为体,政治为用"的理解,认为此处的"体",似乎可以理解为国家的"物质形态",而其"国体",或可理解为一个由人结合而成的共同体。参见牛彤:《孙中山宪政思想研究》,华夏出版社2003年版,第18页。但由于孙中山对"国家为体,政治为用"的解释在时间上乃出自此后,故而此说难以得到确证。此外还由于,直至1912年2月4日在《复中华国货维持会论服制函》中,孙中山仍曾说道:"而礼服又实与国体攸关,未便轻率从事。"此处的"国体"仍有国家的体面之意。

② 转引自汤志钧:《戊戌变法史》,上海社会科学院出版社2003年版,第473页。

至于近代"国体"概念在中国的移植是在何时、由何人完成的,则颇值考详。

日本国体思想史研究者长尾龙一曾经指出,现代中国宪法学中的"国体"概念,"据说就是梁启超在 1910 年从日本带回中国的东西"①。考诸文献,我们可以发现,梁启超确实有可能是最早向国人正式译介法政意义上的"国体"一词的中国人,而且时间是在更早之前的 1899 年,即梁启超因戊戌变法失败流亡日本的翌年。彼时,梁在其所主编的《清议报》上断断续续连载由其节选的当时欧洲著名公法学家伯伦知理(Bluntchli Johann Caspar,1808—1881)的译稿《国家论》,其中卷三即为《国体》。② 揆诸史料,这至少应是中国人最初正式接触并向国人译介法政意义上的"国体"这一概念的事迹之一。

但梁启超所译介的这个"国体"概念,其含义颇为驳杂,内中仍多倾向于指的是亚里士多德以来的那个传统意义上的政体,或如其所谓乃属于"国家之体裁"。③ 仅凭这一点亦可知,真正意义上的国体概念的移植尚难言就此完成。

进入 20 世纪之后,"国体"一语亦随着当时一大批日本公法著作中译本的印行而进入国人的视野。其中,1901 年伊藤博文《日本帝国宪法义解》的中译本在中国进入书肆,此书即多次提及"国体"一词。④ 接

---

① 長尾龍一「穂積八束(1860-1912)—国権主義の憲法学者」前揭文第 67 ページ。
② 参见〔日〕川尻文彦:《梁启超的政治学——以明治日本的国家学和伯伦知理的受容为中心》,载《洛阳师范学院学报》2011 年第 1 期。
③ 在卷三《国体》中,先后共有五处、合计八次出现"国体"一词,另有一处出现"国家体裁";均集中于第一章"四种正体(政体)"和第二章"四种之变体(民体)"。参见日本横滨新民社编辑之《〈清议报〉合集》第二十三(光绪二十五年,即 1899 年七月初一日出版)、二十五(七月二十一日出版)、二十六(八月初一日出版)、二十七(八月十一日出版)诸册,全卷收于《〈饮冰室合集〉集外文》(下册),夏晓虹辑,北京大学出版社 2005 年版,第 1226 页以下。
④ 参见戴昌熙编《日本宪法义解》,伊藤博文纂、桐乡沈纮译:《日本帝国宪法义解》部分,上海金粟斋译行,光绪辛丑年,第 1 页以下。

着,高田早苗的《宪法要义》与菊池学而的《宪政论》的中译本分别于1902年和1903年相继刊行,①此二书均介绍了有关国体的学说,其内容与穗积八束的有关理论基本上毫无二致。②

当然,概念的移译还不等于移植的完成,真正的继受尚有待于所继受的对象落定于继受国自身相应的观念或制度之中。那么,国体概念从日本到中国的移植是由何人在何时完成的呢？如此具体的问题实难判断,但从学术史的角度考察,则估计应是1905—1908年间清朝两次派遣大臣赴日本考察宪政实况、学习宪法理论的过程中完成的。③

首先,作为1905年12月第一批被派遣去日本考察宪政的载泽一行,曾直接聆听过穗积八束有关日本宪法的专门讲座。对此,载泽《考察政治日记》中记述道：

> 初三日午初,法学博士穗积八束以内阁命令来讲日本宪法,并悬一君主统治简明表于壁,指画而言。略谓：
>
> 日本国体,数千年相传为君主之国,人民爱戴甚深,观宪法第一条可知。明治维新,虽采用立宪制度,君主主权,初无所损。今

---

① 〔日〕高田早苗:《宪法要义》,张肇桐译,（东京）岱镜明治三十五年(1902)发行；〔日〕菊池学而:《宪政论》,林棨译,上海商务印书馆光绪癸卯年(1903)初版。

② 可分别参见高田早苗:《宪法要义》,张肇桐译,第4页以下,以及菊池学而:《宪政论》,林棨译,第35页以下。此外,据说就在1903年,连穗积八束《宪法大意》一书的中译本也得到了刊行。参见韩大元:《论日本明治宪法对〈钦定宪法大纲〉的影响——为〈钦定宪法大纲〉颁布100周年而作》。但笔者在国内各大图书馆未查得此译本,只在日本国会图书馆网上资料库中查得此书的日文版第三版的扫描版,该书原出版于1897年,书中第一编题为"国体",在其第二章"君主国体"中,开宗明义便开始阐述了其国体政体二元学说。穗積八束『憲法大意』（東京・八尾書店、1897年）第三版正文第1ページ以下、とくに第6ページ以下参照。

③ 有关当时日本对晚清预备立宪的影响,国内的研究可参见韩大元:《论日本明治宪法对〈钦定宪法大纲〉的影响——为〈钦定宪法大纲〉颁布100周年而作》。

就表中所述,以君主为统治权之总纲,故首列皇位为主权之本体,此数千年相承之治体,不因宪法而移。凡统治一国之权,皆隶属于皇位:此日本宪法之本原也。①

在此段文字中,我们可以看到当时在日本居于重要地位上的"国体"概念已正式进入中国官方人员的视野。回朝之后,载泽还曾通过密折,阐明了"君主立宪,大意在于尊崇国体,巩固君权,并无损之可言"②的道理。在这里"国体"一词虽然只是进入了"密折",但这仍意味着它已成为官方文书使用的用语。诚然,此处所用的"国体"一词其含义还不太明确,但在这份奏折中,载泽力陈立宪有利于"皇位永固",并比附传统中国"相位旦夕可迁,君位万世不改"的观念性运作原理,讲述立宪君主制的主要内容与优异之处,似乎已从功利性的政治效果这一层面的意义上把握到了"国体"概念的核心意涵。

但在当时清朝上层统治阶层中,更为完整地理解"国体"之内涵,并将其介绍到中国者,应可推此后第二批被派遣到日本考察、学习宪政的一位清廷官员——达寿(时任学部右侍郎)。③ 据载,达寿从1907年10月到1908年7月滞留日本,其间直接得到了穗积八束、有贺长雄、太田

---

① 载泽:《考察政治日记》,载《蔡尔康等:李鸿章历聘欧美记;戴鸿慈:出使九国日记;载泽:考察政治日记》(走向世界丛书),岳麓书社1986年版,第575页。此外,载泽一行还曾会见了伊藤博文,通过直接问答的形式,就中国拟定立宪的一些关键性问题听取了后者的见解。参见同上书,第578—583页。在此过程中,伊藤虽没有使用"国体"一语,但采用了相关的"政体"一语。同上书,第579页。

② 载泽第二份的《奏请宣布立宪密折》,载《近代中国宪政历程:史料荟萃》,中国政法大学出版社2004年版,第40页。

③ 有学者认为,达寿也是清廷1907年底第二批派出的三位考察大臣(另两位是派往英国的汪大燮与派往德国的于式枚)中"对清廷的影响最大"的一位。参见柴松霞:《出洋考察与清末立宪》,法律出版社2011年版,第256页。另,对达寿考察日本与清末预备立宪思想之形成的更为专门的研究,亦可参林来梵『中国における主権、代表と選挙』(京都・晃洋書房、1996年)第6-8ページ。

峰三郎等日本学界名宿的指导，回国时整理出了比较宪法、日本宪法史、议院法，涉及司法、行政、财政等六部门的材料，凡五编十五册，①并在回国复命的上奏文书中，完整地提出了"国体维持论"。其中，他基本上按照穗积八束的学说，区分了"国体"和"政体"，并对二者的定义做了阐述。他指出：

> 政体云者，盖别乎国体而言。所谓国体者，指国家统治之权，或在君主之手，或在人民之手。统治权在君主之手者，谓之君主国体，统治权在人民之手者，谓之民主国体。而所谓政体者，不过立宪与专制之分耳。国体根于历史以为断，不因政体之变革而相妨。政体视乎时势以转移，非如国体之固定而难改。②

可能也是受到穗积等人的影响之故，达寿也力图在"国体"这一概念的法政含义之外，另外赋予其历史文化意义上的某种内涵。他从中国古代经典中寻章摘句，力陈"君主国体"在中国的历史根源：

> 我国之为君主国体，数千年于兹矣。易曰：天尊地卑，乾坤定矣。春秋曰：天生民而树之君，使司牧焉。五伦之训，首曰君臣。此皆我国为君主国体之明证也。③

显然，达寿在这方面的努力，不仅立论窳陋，而且从其历史效果上来看也难谓成功。中国独特的政治文化传统决定了，他充其量只能在

---

① 参见柴松霞：《出洋考察与清末立宪》，法律出版社2011年版，第256页。
② 参见《考察宪政大臣达寿奏考察日本宪政情形折》（光绪三十四年七月十一日），载《近代中国宪政历程：史料荟萃》，第56页。
③ 同上。

这里证明一般意义上的君主制在中国的历史根源,而无法比照穗积式的"国体"概念,专门为清朝皇统塑造出类似于"万世一系"天皇制的那种近乎政治神学的观念体系,俾以证明满清王朝统治的永久正当性。

但值得注意的是,达寿有可能是第一个真正完整地将日本宪法学上的"国体"概念引入到中国,并较为准确地加以阐述的中国人,这对清末预备立宪的实践产生了重要影响。达寿回国不久,清廷就颁发《钦定宪法大纲》,其中第一条即几乎模仿日本明治宪法第一条的国体条款,明确规定:"大清皇帝统治大清帝国,万世一系,永永尊戴。"时至1911年底的《宪法重大信条十九条》第一条亦仍规定"大清帝国皇统万世不易"。不惟如此,达寿引入到中国的国体概念,即使在清末君主立宪失败之后仍一度居于重要地位,也对后世产生了重要影响。有关这一点,有待下文阐述。

清末民初的另一位具有代表性的国体论者,应属梁启超。但作为一个极为多产的宪政学者和活跃的宪政活动家,又恰好置身于风云变幻的时代,梁启超的学术思想本来就具有"流质易变"的特点,其"国体"观更是经历了变动不居的演变过程,至少可划分出四个不同阶段。在这四个阶段中,我们会发现,梁启超前后共持有五种在内容上有所不同的国体学说。考察梁启超在前后四个阶段中的五个不同的国体观,可以透视国体概念在近代中国曲折的演变过程。

第一阶段是梁启超在戊戌变法失败之后流亡日本的最初阶段。当时的梁以其极为旺盛的求知欲,通过日文译著等资料,广泛涉猎并吸收政治、法律、哲学、历史、经济、文学等领域的学说,尤其是他念兹在兹的法政理论。在此过程中,他开始接触到了国体概念。如前所述,1899年梁在《清议报》上连载伯伦知理的《国家论》译稿时,即曾采纳了"国体"这个译词,只不过其意含混,尚未把握日本当时通说中的用法。同年,梁撰《论中国与欧洲国体异同》一文。该文从标题开始,更是频繁地使用"国体"一词,但其内涵同样颇为含混,其用法也颇不得要领,主要指的是一国传统的政治文明或政制状况。此种理解,已可谓接近于法政意义上的"国体"概念了。① 这应是梁启超所持有的第一种的国体学说,其特点是这种国体概念在内涵上具有多歧性:有时指的是国家体面这种传统意涵上的"国体",②有时则指的是国家之体裁或一国之政体及其在实践中的具体形态,偶尔还出现了以自由或民主为标准所理解的"国体"。③

当然,在这个阶段中,梁启超毋宁更为关注"政体"的概念及其分类,如在同年所撰的《各国宪法异同论》一文中,其第一章即题为《政体》,并认识到政体"不外君主国与共和国之二大类而已",前者又分为"专制君主立宪君主之二小类"。④ 在1902年所写的《中国专制政治进化史论》一文中,其第一章亦题为"论政体之种类及各国政体变迁之大势",内中专门介绍了亚里士多德、日本的一木喜德郎等东西方学者对政体更为细致的有关分类理论。⑤

第二阶段可谓是梁启超国体学说的初成期。时至1902年3月,梁启超在《论政府与人民之权限》一文中写道:"主权或在君,或在民,或君民皆同有,以其国体之所属而生差别。"⑥这说明,梁可能已接触

---

① 参见梁启超:《饮冰室合集》(之一、文集之四),中华书局1989年版,第61页以下。该概念的用法之所以尚不得要领,可能也是因为此时的梁启超尚未完全属意伯伦知理的国家论,而在1903年游历美国、加拿大返日之后,他才撰《政治学大家伯伦知理之学说》一文,对伯伦知理的国家学说表示了激赏。有关梁启超国家观的转变,可参见〔日〕川尻文彦:《梁启超的政治学——以明治日本的国家学和伯伦知理的受容为中心》;也可参见张衍前:《论梁启超的近代国家观》,载《理论学刊》1996年第2期。

② 如在《戊戌政变记》(1898年末至1899年初)中多次提到"损辱国体"。梁启超:《饮冰室合集》(之六、文集之一),第37、82、83页。

③ 参见梁启超:《〈饮冰室合集〉集外文》(下册),夏晓虹辑,北京大学出版社2005年版,第1229—1231页。

④ 梁启超:《饮冰室合集》(之一、文集之四),第71页以下。

⑤ 梁启超:《饮冰室合集》(之一、文集之九),第59页以下,尤其是第60—64页。

⑥ 梁启超:《饮冰室合集》(之二、文集之十),第3页。

到当时日本法政学界有关"国体"的主流学说了。到1907年10月，梁启超在《政闻社宣言书》中使用了"共和国体"一语，并指出："夫国体之为物，恒以其团体员合成之意思为意思，此通义也。故其团体员苟占国民之一小部分者，则其团体所表示之意思，即为此一小部分国民所表示之意思；其团体员苟占国民之大多数者，则其团体所表示之意思，即为大多数国民所表示之意思。"①这是梁启超所持有的第二种国体概念。

第三阶段可谓是梁启超国体学说的独创期。当然，这里所谓的"独创"，也是在接受了他人学说基础上实现的，只不过独具了梁氏的一些理论特色。在此需要交代的是，当今史学界一般只重视梁启超在1903年第二次旅美前后由原先支持卢梭民主主义思想转向接受伯伦知理国家观的这一思想转变。② 其实，从法学的角度而论，在这之后，梁启超的国家观又发生了一次微妙的变化，即从伯伦知理式的国家有机体学说，转向了耶利内克式的国家法人说。③ 这颇为典型地体现于他在

---

① 梁启超：《饮冰室合集》（之三、文集之二十），第20、23页。
② 可参见梁启超：《政治学大家伯伦知理之学说》，载《饮冰室合集》（之二、文集之十三），第67页，尤其是70—71页。有关研究不胜枚举，较新的成果可参见〔日〕川尻文彦：《梁启超的政治学——以明治日本的国家学和伯伦知理的受容为中心》；高力克：《梁启超的公民民族主义及其困境》，载《政治思想史》2011年第3期；王晓范：《中日摄取伯伦知理国家有机体论之比较——以加藤弘之与梁启超为例》，载《华东师范大学学报》（哲学社会科学版）2011年第4期。更早的研究可参见张衍前：《论梁启超的近代国家观》，载《理论学刊》1996年第2期；〔韩〕李春馥：《论梁启超国家主义观点及其转变过程》，载《清史研究》2004年第2期；郑匡民：《梁启超启蒙思想的东学背景》，上海书店出版社2009年版，第228页以下。
③ 正如研究者高力克所指出，梁启超对于伯伦知理的国家论，主要是吸收了其国家有机体论、国家目的论和国家至上论。参见高力克：《梁启超的公民民族主义及其困境》。伯伦知理的国家有机体论，主要是借用了当时西方生物学的思考方法，主张国家的出现是独立于人的意志和创意的自然过程，其自身拥有生命、运动和成长的机理，遵循进化的规律生成、发展和消亡。但这个学说没有在德国近代国家学中成为主流学说，尤其是在德国近代国法学中，国家法人说成为通说，后者认为国家要成为意志力的主体，必须拥有法律人格。有关耶利内克所主张的国家法人说，参见：G.イェニネク『一般国家学』芦部信喜他訳・前揭书第109ページ以下、とくに128ページ以下。

1910年所撰的《宪政浅说》一文中。在此文中,梁指出:"国家者,则最高最大之团体,而具有人格者也",①由各个机关进行意思表达和行为,从而构成行使统治权的有机整体,其中"君主也、大统领也、国务大臣也、一切行政司法大小官吏也、国会也、行选举权之公民也,皆国家之机关也"。② 梁启超的这个国家论,其理论根据其实乃是国家法人说,而此学说则有可能是吸收了美浓部达吉的国家法人说。③

但与美浓部达吉在法政领域中主张"国体概念无用论"不同,这个阶段的梁启超则保留了"国体"这一概念,甚至吸收了穗积式的国体与政体的二元框架,对这两个概念的含义进行了分辨。在《宪政浅说》一文中,他指出:"国体之区别以最高机关所在为标准,前人大率分为君主国体、贵族国体、民主国体之三种,但今者贵族国体殆已绝迹于世界,所存者惟君主民主两种而已。"④而"政体之区别以直接机关之单复为标准,其仅有一直接机关,而行使国权绝无制限者,谓之专制政体,其有两直接机关,而行使国权互相制限者,谓之立宪政体"。⑤

在这些阐述中,尤其是在对政体的区分中,美浓部学说的影子已然清晰可辨。有所不同的只是:美浓部将君主制下的君主本身视为"最高机关之所在",而梁则将后者直接挪用为"国体"之定义以及区分标准。此应是梁启超所持有的第三种国体学说。其特点是保留了美浓部所排除的法政意义上的"国体"概念,并将美浓部的"最高机关"这个概念吸收过来,依据其之所在来判断国体的类型。这样,穗积式国体概念中所

---

① 梁启超:《饮冰室合集》(之三,文集之二十三),第34页。
② 同上书,第35页。
③ 在日本史学界也有学者提出类似的观点。参见:楠瀬正明「清末におけるを立宪构想―梁启超中心として」『史学研究』(広島史学研究会)1979年第143号。
④ 梁启超:《饮冰室合集》(之三、文集之二十三),第37页。
⑤ 同上书,第38页。

言的"主权之所在",就被变造为"最高机关之所在"了。但这里要注意的是,按美浓部的理解,"主权"是属于国家的,但"主权行使者"则是"最高机关",如果按照这个定义,"最高机关之所在"就变成更具实证性的"主权行使者之所在"了。然而,与其说梁启超的"最高机关"正如美浓部所说的那样是"主权行使者",毋宁只是一种观念上的拟制。这就恰好切合了梁启超本身在清末时期所主张的君主立宪论的政治构想,即一种比穗积式国体论所支持的君主立宪制受到了更大限制的虚君论。①

在《宪政浅说》一文中,梁启超同时还采用了另一种含义的"国体"概念,即将"国体"理解为"国家结合形态",亦即今日中国宪法学中所谓的"国家结构"。据此他指出:"有以国家结合形态而区别国体者,则其种类曰单一国,曰复杂国。"②在翌年的《新中国建设问题》一文(1911)中,梁仍沿用此义,将国体区分为"单一国体"和"联邦国体",③以此讨论中国未来的国家结构,并主张先实行"联邦国",以作为"单一国之过渡"④。这应是梁启超所持有的第四种含义的国体概念了。如前所述,同样内涵的概念也可见诸日本当时宪法学的通说。⑤ 而据当今学者研究,中国民国时期也存在类似的概念用法。⑥

---

① 日本有学者认为梁启超的这种君主立宪的构想已经有点接近理想化了的英国式的君主立宪制。参见:楠瀬正明「清末におけるを立宪构想一梁启超中心として」前揭文。这一点也可能是受到了美浓部达吉学说的影响,因为美浓部本身就倾向于英国式的议会主义政治制度。参见:古川純「美濃部達吉(1873 - 1948)——立憲主義憲法学の意義と限界——」『法学教室』1994 年第 8 期。
② 梁启超:《饮冰室合集》(之三、文集之二十三),第 38 页。
③ 梁启超:《饮冰室合集》(之四、文集之二十七),第 27 页以下。
④ 同上书,尤其第 30 页。
⑤ 顺便说明一下:类似的观点早已传入中国,比如可见诸当时中国留日学生所编辑的日本公法学者笕克彦的《国法学》讲义录。参见〔日〕笕克彦讲述:《国法学》,陈时夏编辑,上海商务印书馆藏版,光绪三十三年(1907),第 90 页以下。
⑥ 据研究者指出,我国民国时期也存在这种意义上的国体概念。参见于明:《政体、国体与建国——民初十年制宪史的再思考》,载《中外法学》2012 年第 1 期。至于当时的例子,可举张志让:《论我国国体在宪法上为联邦制》,载《法律周刊》1923 年第 17 期。

梁启超的上述观点显然是为他所主张的君主立宪主义服务的。在进入民国时期之后，梁在国体观上仍然没有放弃美浓部学说的影响，但为了因应共和革命已然成功这一历史转变，梁启超也对过去所持的国体观做了一些相应的修正。这就使得其国体观的变迁进入了第四阶段。

首先是1912年秋，梁启超从日本流亡归国，时逢国内制宪热潮，政法名流撰拟宪法草案之风颇甚，梁亦提出了一份《进步党拟中华民国宪法草案》，案中第一条便规定："中华民国永远定为统一共和国，其主权以本宪法所定之各机关行之。"该条款下共设三条说明，其中"说明二"中坚称："临时约法第二条，采主权在民说，与国家性质不相容。无论何种国体，主权皆在国家，久成定说，无俟喋引。国体之异，则在行使国家主权之机关，有单复专共之异耳。本宪法所规定各机关，即所以表共和之实也。"①这里所说的"国家性质"，乃指国家具有法人性质。可见，梁启超在此一方面仍然坚持国家法人说，认定主权皆在国家的观点；另一方面则将过去所秉持的那种"以最高机关所在为标准"的国体概念，巧妙地转换为以"行使国家主权之机关"的"单复专共之异"来区分国体的概念了。

时至1915年，中国政论界发生了历史上颇为著名的"国体之争"，很多论客均参加了这场争论，②梁启超也不例外，且其文论产生了极大的影响。可以说，民初的这场被冠名为"国体之争""国体风云"的论战，因其参与者之众，影响者之广，进一步标志着"国体"概念在中国移植的成功。而在这场争论中，梁启超也适时地对其国体分类学说又作了修正。

时值袁世凯称帝之前，袁氏的两位外国籍的宪法顾问——美国的古德诺（F.J.Goodnow）和日本的有贺长雄以及以杨度为主将的筹安会

---

① 载《近代中国宪政历程：史料荟萃》，第251页。
② 有关研究，可参见乔琪：《论一九一五年"国体"之争》，载《史学月刊》1992年第5期；当时诸多参加该场争论的论者的文章，可参见崔唳生编辑：《最近国体风云录》，1915年9月刊行，出版者不详，国家图书馆藏。

六君子等人，掀起了所谓国体问题的讨论，俾为袁氏称帝制造舆论。其时，杨度撰《君宪救国论》一文，①将辛亥革命之后中国所出现的政局乱象归为"共和之弊"，为此明确提出了"非立宪不足以救国家，非君主不足以成立宪"的论断，②主张在国体上改弦更张，实行立宪君主制。同年8月，《亚细亚报》上登出了古德诺的署名文章《共和与君主论》一文，③劈头指出"一国必有其国体"，并将君主制与共和制作为国体的两种类型；文末在提出了当时中国是"继续共和制还是改建君主制"这一敏感的设问之后，颇为谨慎地指出："此种疑问颇难答复。然中国如用君主制，较共和制为宜。此殆无可疑者也。"④

针对国体变更论者的这类主张，梁启超于同年9月公开发表了轰动一时的名作《异哉所谓国体问题者》一文，对古德诺、杨度等人的主张予以尖锐的批判，明确反对在共和国体下鼓吹改行其他国体，而力主应在坚持"现行国体"的前提下改良政体。此文虽然只是一篇政论文章，而且从今日看来，其在学理上颇多纰缪，但与梁启超过去曾主张的第三种的国体学说，即将"国体"区分为君主制与民主制略有不同，文中认同将"国体"分为君主制与共和制，并指出："夫立宪与非立宪，则政体之名词也。共和与非共和，则国体之名词也。吾侪平昔持论只问政体，不问国体。故以为政体诚能立宪，则无论国体为君主为共和，无一而不可也；政体而非立宪，则无论国体为君主为共和，无一而可也。"⑤此外，在1916年的《国民浅训》中，梁启超仍在这一含义上沿用了这个概念，将"国体"分

---

① 参见杨度：《君宪救国论》，载崔映生编辑：《最近国体风云录》，"国体类·甲说"第2页以下。
② 参见同上书，第11页。
③ 参见古德诺：《变更国体论》（原名《共和与君主论》），同上书，第26页以下。
④ 同上书，第35页。
⑤ 梁启超：《异哉所谓国体问题者》，载《饮冰室合集》（之八、专集之三十三），第88页。

为君主制与共和制。① 这应是梁启超所持有的第五种的国体学说了。

梁启超的国体学说之所以发生这个变化,可能有两方面原因。其一,当时中国共和革命已然成功,梁启超从前所持有的国体概念,尤其是其第三种的国体概念,已不太适合时代的气运;而政法学界也已多接受了将国体分为君主制与共和制的这种说法,连在这场国体之争中作为梁启超论敌的古德诺、杨度等人亦是如此,为此他放弃旧说,接受此一国体观,也可便于在论战中作出明晰的回应。其二,对梁启超的第三种国体概念的形成曾产生过重要影响的美浓部达吉虽然反对在法政意义上使用"国体"概念,而仅使用"政体"一词,但也是将政体分类为君主制与共和制,而此时的梁启超,早已受到这种学说的影响。②

在上述有关梁启超的这些国体学说中,其中的第一种国体概念尚未成熟,旋即被时流所湮灭;而其第三种学说则是他五种国体学说中最具有独创性,同时也是最具有代表性的一种。但该学说在理论构成上颇为复杂,更何况其本来就是为君主立宪论提供础石的一种学说,而在中国,君主立宪运动从清末到民初即经历了多次挫败,为此这一学说最终不得不淡出了国体概念史。但时至民国初年,梁启超显然已意识到了旧说的局限,为此对其及时做出了适当的修正。

梁启超国体观的多次转变,折射了国体概念在中国移植演变的复杂曲折历程。其变迁的最终结果,也标志着从日本移植的"国体"概念进一步在中国宪政史上打下深刻的烙印,并促成了民初时期主流国体观的确立。

然而,值得注意的是,梁启超虽可视为民初极具代表性的一位国体

---

① 梁启超:《异哉所谓国体问题者》,载《饮冰室合集》(之八、专集之三十三),第6页以下。
② 其实,早在1911年,亦即美浓部与上杉之间发生国体争论的那一年,梁启超即曾在其所撰的《新中国建设问题》一文中,将政体分为君主制与共和制。参见梁启超:《饮冰室合集》(之四、文集之二十七),第27页以下。

论者,但这个时期的主流"国体"观,毋宁仍然是以达寿为中心所引进的穗积式的国体定义,即将"国体"明快地理解为"主权之所在"的见解。1912年8月,《国民党宣言》发布,其中指出:"此消长倚伏之数,固不必论其国体之为君主共和,政体之为专制立宪,而无往不如是也。天相中国,帝制殄灭,既改国体为共和,变政体为立宪,然而共和立宪之国,其政治之中心势力,则不可不汇之于政党。"①借此,这种主流"国体"概念进入了当时中国最大政党的党纲之中。

更值得注意的是,尽管如前所述,国体观念曾对日本明治宪法的制定发生了重大的影响,明治宪法本身亦产生了像第一条那样的国体条款,但"国体"一词本身并没有进入该宪法的文本;②与此不同的是,在中国民国初年,从日本移植而来的"国体"用语则两度直接进入了宪法性文件,而且居于特别重要的地位——1913年的《天坛宪草》(原案)以及1923年的《中华民国宪法》(曹锟宪法)均专设了第一章,题为《国体》,其中只设第一条,规定"中华民国永远为统一民主国"。

梁启超国体观的变迁历程,可谓峰回路转,异彩纷呈,集中地折射了国体概念移植演变历程的极度复杂性,也典型地反映了那个时代中国知识分子探求国家根本出路的艰辛曲折的思想历程。

然而,从达寿到梁启超,由日本引进的"国体"概念还发生了一个重要的嬗变:本来,达寿还力图像穗积八束那样,在"国体"概念的内涵上将法政含义与政治神学结合起来,以期它产生某种强大的意识形态功

---

① 广东省社会科学院历史研究室等合编:《孙中山全集·第二卷1912》,中华书局1981年版,第396页。但该文也推断,因当时孙中山并不赞成成立国民党,党务皆由宋教仁掌理,该宣言有可能也为宋教仁所撰写。

② 在日本,国体概念只是进入20世纪20年代《治安维持法》,该法第一条规定:"以变革国体又或否认私有财产制为目的组织结社又或知情加入者,处以十年以下有期徒刑或禁锢。"此后,已有判例对其进行了定义——昭和四年(1929),大审院判决将此"国体"解释为"我帝国由万世一系天皇君临总揽统治权"。可参见:長尾龍一『日本憲法思想史』前揭书第24-25ページ。

能；但梁任公与民初其他国体论者所采用的国体概念，则剥离了政治神学的那层含义，只剩下法学层面上的内涵，从而在很大程度上恢复了德国近代国法学中 Staatsform 一词的那种形式性。尽管如此，自清末开始被移植以来，"国体"概念还是被赋予了某种较之于"政体"的绝对重要性和不可轻变性，乃至一种神圣不可侵犯性。

清末民初中国的国体论者似乎也意识到通过国体概念去建构国家统合原理的历史课题，只不过正如达寿曾经的努力并没有成功那样，在中国传统政治文化下实难塑造国体概念的政治神学内涵，为此一度只能寄望于通过制度化的立宪君主制去解决上述的历史课题。袁氏称帝的内在动因之一便在于此。梁启超后来也曾披沥："盖君主之为何物？原赖历史习俗上一种似魔非魔之观念，以保其尊严，此尊严自能于无形中发生一种效力。"①但又由于受到历史机遇的限制，君主立宪主义在清末民初屡遭挫败，最终连梁启超也不得不放弃了这种努力。

但此后中国社会的精英仍然没有放弃在共和国体下探索建构国家统合原理这一课题。如前所述，《国民党宣言》即曾指出："天相中国，帝制殄灭，既改国体为共和，变政体为立宪，然而共和立宪之国，其政治之中心势力，则不可不汇之于政党。"②这其实已经在不经意间埋下了一个历史伏笔。

六、国体概念的现代命运：在中日之间的反差

如前所述，1911年，日本宪法学界发生了美浓部达吉与上杉慎吉

---

① 梁启超：《异哉所谓国体问题者》，载《饮冰室合集》（之八、专集之三十三），第94页。
② 广东省社会科学院历史研究室等合编：《孙中山全集·第二卷 1912》，第396页。

之间的"国体争论";恰巧在同年,中国爆发了辛亥革命。以此为契机,梁启超因应时代变化开始修正自己的国体学说,直至 1915 年发生了一场"中国版"的国体论战。我们不妨从宪政史的角度,亦将这个时期视为国体概念的现代时期。[①] 而通过这样的设定,我们会发现,在进入这个时期之后,同样是宪法意义上的"国体"概念,则在中日两国不同的国度以及不同的社会背景下拥有截然不同的命运和结局。以下,我们通过中日两国的对比,继续追踪国体概念的演变过程。

首先我们来看日本的情形。

在前述的美浓部与上杉之间的国体争论之后,美浓部学说虽然取得了优胜,几乎成为大正时期日本学界的通说,但穗积宪法学也并没有像人们所想象的那样就此成为绝响。其实,即使在上杉慎吉有生之年的晚期,该学说仍通过他的教学和学术活动,在初等、中等教育以及军队的大学里发挥着影响。时至 1930 年代,日本政坛因右翼势力的抬头而开始走向反动,1932 年犬养毅首相被年轻将校刺杀,明治宪法下所孕育的政党内阁时代为此告终。1935 年,身为陆军中将的贵族院议员菊池武夫在贵族院上发表演讲,猛烈抨击美浓部达吉的天皇机关说,将其斥之为"反国体"的叛逆学说。同样作为贵族院议员的美浓部达吉亦随即在贵族院上作出回应,但这反而激发出一场"机关说排击运动"。其结果是,美浓部的多部著作遭到发行禁止处分,其本人也基于这种压力被迫辞去贵族院议员之职。这就是日本宪法史上著名的"天皇机关说事件"。[②]

[①] 有关近现代史的断代问题,在国内外史学界一向聚讼纷纭,但从世界宪政史的角度而言,一般同意将第一次世界大战之后,具体而言即 1918 年苏俄社会主义宪法和 1919 年德国魏玛宪法的诞生,视为从近代宪法发展为现代宪法的标志。有关近代宪法与现代宪法的分别,可参见:宪法判例研究会编纂『現代憲法論』(東京・敬文堂、1970 年)第 47 ページ以下。参照该观点,我们也不妨将中日宪政史上的这个时期视为国体概念的现代时期。

[②] 古川純「日本国憲法前史」樋口陽一編・前揭書第 96 ページ以下。

这个事件在当时的日本引发了几乎一整年的社会动荡。其时，日本政府发表了澄清国体（"国体明征"）并排击机关说的声明，最终在官方的促成之下，成立了一个由天文学、地理学、地质学、进化论、人类学以及历史学等诸多领域中的重量级学者组成的委员会，对"国体"概念的含义进行了一个确定性的阐述，并形成教义性的书籍，作为强制性国民教育的教科书，此即 1937 年文部省出版的《国体之本义》一书。① 该书开篇即指出："大日本帝国，由万世一系之天皇奉皇祖神敕永久统治之。此乃我万古不易之国体。"②该书还鼓吹神国主义思想，将天皇尊崇为"现人神"。③ 此书在战前日本的各级学校中拥有极大的影响力，至 1945 年为止，包括一些私人出版社的版本，该书大概被印刷了上百万册。④

迄此，国体观念在日本进入了全盛时期，并演变成为军国主义的国家意识形态，呈现出了一种极为浓厚的国家主义色彩。⑤ 与此相应，在这个时期的公法学界，穗积的国体学说也持续性地处于通说的地位，甚至被作为宪法学理论体系的一种框架而发挥了作用。⑥ 根据长尾龙一的研究，穗积国体论虽然在 1911 年遭到美浓部达吉的致命一击，但在明治宪法下仍不乏广泛的影响。比如 1921 年以后曾重版了 20 版的金

---

① 日本帝国文部省编纂『国体の本義』（内閣印刷局）1973 年印刷発行。
② 同上、第 1 ページ参照。
③ 同上、第 9 ページ以下。
④ 同上。有关国体观念对日本战前学校的影响，亦可参见：John S. Brownlee, *Japanese Historians and the National Myths, 1600 - 1945 : The Age of the God and Emperor Jinmu*, UBC Press, 1997, Introduction, pp.4 - 5。另外，有关日本的天皇机关说事件和国体明征运动，当年中国传媒也有介绍和分析，可参见斐丹：《国体明征运动的透视（东京通信）》，载《申报月刊》1935 年第 4 卷第 12 期。
⑤ 参见：John S. Brownlee, *Japanese Historians and the National Myths, 1600 - 1945 : The Age of the God and Emperor Jinmu*, Introduction, pp.4 - 5。
⑥ 長尾龍一「穂積憲法学雑記」前揭書参照。

森德次郎（政府法制局局长）所著的《帝国宪法要纲》就阐述道："国体之别"是依统治权的"总揽者之所在的异同而产生的国家体制之异同"，而政体则是"统治权行动之形式样态"；而作为当时的日本宪法学京都学派的鼻祖，佐佐木惣一也在其《日本宪法要论》中指出："国体者，乃以国家之统治权之总揽者之为何人为标准所设之国家之形体"，而"政体者，乃以统治权之总揽者以何形式行使统治权为标准所设之国家形态"。而且，这个主张在其于新宪法时期所出版的《日本国宪法论》一书（1949）中仍然得到维持。美浓部达吉的后继者宫泽俊义也曾在1939年出版的《宪法略说》中，将日本"固有的统治体制原理"作为"国体"来概括，并在他为《法律学辞典》（1938）所撰写的"国体"这一词条中明确指出：穗积八束的国体学说"为我国许多公法学者所承认，应视为通说"。①

然而，世界反法西斯战争的胜利，对日本传统国体及其国体观均给予了致命的重创。1946年，在盟军司令部主导下制定的日本新宪法确立了法美式的国民主权原理，在序言第一段中明确"宣明主权存于国民"，其第一条规定："天皇是日本国以及日本国民统合的象征，其地位乃基于主权之所在的日本国民之公意。"

在此期间，发生了一个在学术史上令人惊异的事件：暮年的美浓部达吉，提出了似乎有异于自己早年学术立场的主张。时值1945年10月，当麦克阿瑟示意日本国务大臣近卫文麿准备修宪之后，美浓部达吉及其得意弟子宫泽俊义就在报纸上发表言论，主张明治宪法本来就具有立宪主义的精神，其条文也具有弹性，为此无需修改。② 1946年，立足于国民主权原理的日本新宪法草案发表之后不久，美浓部达吉还曾

---

① 以上资料，可参见：長尾龍一「穗積憲法学雜記」前揭書第70－71ページ。
② 長尾龍一「『国体』と『憲政』」『日本憲法思想史』前揭書第29－30ページ。

提出了著名的"国体护持论"。他承认"国体观念乃与国家组织中的主权之所在须臾不可分离",向来一般所说的"我国之国体,乃指称我万世一系之天皇统治之,且天皇作为国家之元首总揽统治权之事实",①并断言这就是"国民公意之所存";如果天皇制徒具空名,则是"对我国体的根本之变革,颠覆了我国民历史性之信念"。②

美浓部"国体护持论"的提出,成为日本宪法史上的一个重大学术事件,其本身或许也出乎很多人的意料之外。但它的发生,其实正是美浓部先生一向所持有的德国式国家法人说的局限性所致——由于认定了国家即是主权之所在,为此一时无法理解新宪法所确立的国民主权原理的法学意义;③同时也表明美浓部先生本人也是一位国体论者,只不过他所持有的"国体"与穗积式的国体概念不同,而是一种作为"理法"或"作为一种不成文宪法而发挥作用"的"非法学性质的概念",从而成为其宪法解释的一个重要原理。④

与此相关联,在1946年3月日本政府颁布了由盟军方面主持,但在法形式上仍依据明治宪法中的宪法修改程序条款订立的新宪法之后,宫泽俊义提出了著名的"八月革命"说。他认为由于1945年8月日本宣布投降,"日本最终的政治形体"便应是根据《波茨坦宣言》所说的

---

① 長尾龍一「国民主権と天皇制」『日本憲法思想史』前揭書第 213–214 ページ。
② 美濃部達吉「憲法修正の基本的問題」『法律新報』1946 年 4、5 月刊。 无独有偶,作为当年与美浓部达吉展开"国体争论"的对手,上杉慎吉在这之前也曾发生过类似这样的背离自我早期学术主张的事件,只不过立场与此形成截然对照而已;在上杉学术生涯的晚期,其思想趋于稳健化,甚至还对他之前所参加过的"国体拥护"活动表明了悔意,并曾与美浓部达吉握手和解。参见:長尾龍一「上杉慎吉伝」『日本憲法思想史』前揭書第 60 ページ以下、特に第 122–125 ページ。
③ 古川純「日本国憲法前史」樋口陽一編・前揭書第 97–98 ページ以下。
④ 参见:川口暁弘「憲法学と国体論–国体論者美濃部達吉」前揭文。另参见:西村裕一前揭文・高橋和之編前揭書第 53 ペー以下。

那样,乃由日本国民自由表明的意志所确定的;这便意味着基于战败的事实,日本放弃了迄今的"神权主义",转而采用了"国民主义";这实质上是一次无法由日本政府合法完成的变革,可谓"八月革命"。说到这里,宫泽俊义设问:这个"八月革命"是否意味着所谓的"国体"的变革呢? 对此,他解答道:这个答案将因为看如何理解"国体"而不同;如果这个"国体"指的是"神权主义性质的天皇制",那么,此"国体"则因"八月革命"而消灭;如果此"国体"仅仅是在"国体"这一概念之下理解天皇制,那么,"八月革命"未必废止了这种天皇制,为此,"并非不能说'国体'并未受到变革";但由于主权原理的转换,天皇制的性质已发生了根本性的变化。①

宫泽俊义在此引用"国体"一词解释宪法的诞生以及新宪法中所确立的主权原理,似乎与乃师美浓部的"国体护持论"可以相提并论,但其实他并非拘泥于国体的观念,只不过引用"国体"的概念更便于去说明新旧宪法之间的断绝与连续而已。

然而,"青山遮不住,毕竟东流去"。如前所述,战后日本的新宪法确立了法美式的国民主权的原理,其序言第一段中就明确"宣明主权存于国民",其第一条亦规定:"天皇是日本国以及日本国民统合的象征,其地位乃基于主权之所在的日本国民之公意"。职是之故,无论是穗积式的国体概念还是美浓部式的国体概念,最终均失去了宪法规范上的根基。② 加之国体概念在日本战前曾具有浓厚的负面色彩,战后的学术界对此亦不乏批判性的反思。为此,随着新时代的推移,"国体"这一概念在战后日本正式退出了宪法学说史,基本上成为宪法学上的一个

---

① 宫沢俊義「八月革命の憲法史的意義」『世界文化』1946 年 5 月号;まだ長尾龍一『国民主権と天皇制』前揭書第 214 ページ以下。
② 比如,吉田善明·前揭文;鈴木安藏編·前揭書第 151 ページ参照。

"死语"。①

纵观国体概念在现代日本的命运,可谓一波三折。无独有偶,在以下的叙述中我们将可以看到,其在中国的命运同样如此,但其消长起伏的曲线以及最终的结局恰好与它在日本的情状形成了鲜明的反差。

如前所述,1913年"国体"一词曾被写入《天坛宪草》,1915年爆发国体争论,众多论客及报章热议"国体",1923年此用语更一度正式"入宪"——凡此种种,均显示"国体"概念曾在民国初年的中国盛行一时,但此后则渐趋式微。作为典型的一个例子值得一提的是,民国时期著名宪政学者钱端升曾将"国体攸关"一语作为自己的"口头禅",而其"国体"一词,则是在"国家之体面"意义上使用的。②

该时期"国体"概念的式微,主要有两方面原因:其一,受到美国和法国历史上的宪政思想的影响,从《中华民国临时约法》始,包括1913年的《天坛宪草》和1923年的曹锟宪法在内,我国民国时期历部宪法典或各种的宪法草案,均多在其第二条明确规定(国家的)主权之归属(国民全体)。这种美法式的主权原理,本来就与德日式国家主义为思想背景的国体条款相龃龉,同时由于明确宣明了主权在民的立场,使国体条款在宪法规范上另行继存(虽多设在第一条)的重要性受到了损夺。其二,基于"帝制殄灭"的政治事实,以梁启超为代表的民初国体论者均剥离了国体概念中的那层政治神学的含义,这便在很大程度上磨损了穗

---

① 战后早期还有一些余脉。参见:吉田善明「伝統的国家主義的憲法学の再生」鈴木安蔵編『日本の憲法学』(東京・評論社、1968年)第151ページ以下、とくに第163ページ以下。但从最终结果来看,现在已经基本上消失了。可参见〔日〕鹤见俊辅:《日本精神史(1931—1945)》(全一册),李永炽译,第四回《关于国体》部分,第31页。当然,作者也强调,战后,"国体"一词"虽然在政治论点中消失不见,但其功能仍以隐匿形态一直生存于当今的日本政治中"。

② 参见陈夏红:《政法往事:你可能不知道的人与事》,北京大学出版社2011年版,第129页。

积式国体概念的独立意义,也在很大程度上使得此时的"国体"概念恢复了德国近代国法学中 Staatsform 一词原有的那种形式性,从而导致"国体"一词与传统的"政体"一词特意加以区分的必要性也大为降低。民国时期著名宪法学家张知本就曾在其 1933 年初版的《宪法论》一书中声明"只认国家有政体之分类,而不认为有国体及政体之两种分类",因为在他看来,"君主国与共和国之区别,是由于国家最高机关组织之情形不同而生,乃系一种政治形态",即属于"政体之差异",说到底也"不过为各种政治形态中细分"而已。①

1935 年日本发生"天皇机关说事件"和"国体明征运动",在中国当时报章上也颇多报道,②借此,"国体"概念又开始在中国"回光返照",尤其是自 1936 年《中华民国宪法草案》("五五宪草")开始,各部宪法(或宪法性文件)沿袭了一种新的宪法体例:宪法第一章的标题虽不再采"国体",而题为"总纲",但在其内中所设置的多个条款中,第一条就规定国体内容,并将某种"立国之道"与"国体"合而为一,③此即所谓的"以主义冠国体"。④ 如"五五宪草"第一条即规定:"中华民国为三民主义共和国。"对此,当时也有人质疑:主义为一党理想之所寄,国体为一国主权之所属,"绿杨红杏,不能并成一家",不应以"一党之主义",冠于"一国之国体";但居于支配地位的主张则认为:民国本为革命之产物,宪法又为保障革命之根本大法,在宪法中"冠以三民主义国名,正所以

---

① 张知本:《宪法论》,中国方正出版社 2004 年勘校版,第 12 页。
② 参见斐丹:《国体明征运动的透视(东京通信)》,载《申报月刊》1935 年第 4 卷第 12 期;龙象译《国体明征之声明与日本政局之前途》,载《外交评论》1935 年第 5 卷第 5 期;王汉中:《日本国体明征运动的里层》,载《中外月刊》1936 年第 1 卷第 3 期;《国体明征问题》,载《日报索引》1935 年第 4 卷第 1 期、1936 年第 4 卷第 2—6 期、第 5 卷第 1—6 期。
③ 这种体例至少可追溯到 1922 年叶夏声奉孙中山之命而起草的《五权宪法》。参见《近代中国宪政历程:史料荟萃》,第 590 页以下。
④ 段麟郊:《评五五宪草总纲中之国体领土与民族》,载《地方自治半月刊》1940 年第 1 卷第 7 期。

示革命的真意,正立国的起源而明建国的途径",况且这种做法"又有国外现例可援"。①

"以主义冠国体"这一体例虽不及具有双重结构的穗积式国体概念那样拥有强大的意识形态功能,但在一定程度上也收到了一种异曲同工之效。因为它使法政意义的国体内涵与为政者所认同的某种特定的政治信条相互结合,为此也使得"国体"概念的继续存在成为必要。1946年《中华民国宪法》就正式采用了这个体例,同样设第一章"总纲",其中第一条规定:"中华民国基于三民主义,为民有、民治、民享之民主共和国。"这一体例本身也成为此后中国宪法上的一个成例,对新中国的历部宪法也有一定程度的影响。

但在民国时期,由于国体概念在总体上趋于式微,加之宪法及其安定性本身长期尚付阙如,为此,无论是有关国体的宪法解释学还是有关国体的思想观念,在当时均不甚发达。直至1940年代初毛泽东有关国体学说的出现,才打开了国体概念史上的这一闷局。

时值1940年前后,抗日战争进入战略相持阶段,国共斗争的形势亦趋于严峻,"中国向何处去"成为突出的问题。为了在理论上回应这一问题,1940年初,毛泽东发表了《新民主主义论》一文,文中特意采用"国体"这一概念,描绘了新民主主义社会的蓝图,为此首先对国体概念下了崭新的定义。在该文中,毛泽东对"国体"这个概念作出了如下的著名论断:

> 这个国体问题,从前清末年起,闹了几十年还没有闹清楚。其实,它只是指的一个问题,就是社会各阶级在国家中的地位。资产

---

① 参见段麟郊:《评五五宪草总纲中之国体领土与民族》,载《地方自治半月刊》1940年第1卷第7期。当时中国宪法学界的类似主张,可参见张知本讲述:《"中国"立宪故事》,1966年版,序部分第3—4页,正文部分第81页以下。

阶级总是隐瞒这种阶级地位,而用"国民"的名词达到其一阶级专政的实际。这种隐瞒,对于革命的人民,毫无利益,应该为之清楚地指明。"国民"这个名词是可用的,但是国民不包括反革命分子,不包括汉奸。一切革命的阶级对于反革命汉奸们的专政,这就是我们现在所要的国家。

……

至于还有所谓"政体"问题,那是指的政权构成的形式问题,指的一定的社会阶级取何种形式去组织那反对敌人保护自己的政权机关。……①

毛泽东对"国体"概念的阐述,具有丰富的意涵。第一,毛泽东指出:"这个国体问题,从前清末年起,闹了几十年还没有闹清楚。"这说明他曾关注过从清末至20世纪40年代为止"国体"问题在中国的风云史,其中可能包括1915年的国体争论。第二,有趣的是,毛泽东显然接受了由达寿所引进的"国体政体二元论"框架,但却对二者,尤其是"国体"的内涵作出了一种崭新的论断。他虽然也将"国体"理解为"国家形式",②但从马列主义阶级国家论的角度出发,认为国体指的就是"社会各阶级在国家中的地位"问题,即属于"政权的阶级性质"问题。毛泽东不仅给"国体"概念下了一个明确的定义,还根据这个定义,将当代世界各国的"国家体制"分为三种类型,即:(甲)资产阶级专政的共和国;(乙)无产阶级专政的共和国;(丙)几个革命阶级联合专政的共和国;而新民主主义革命的目标就是要建立"几个革命阶级联合专政的共和国"。③ 也就是说,那个时期的毛泽东已经清醒地洞见了中国社会

---

① 《毛泽东选集》(第二卷),人民出版社1991年版,第676—677页。
② 同上书,第676页。
③ 同上书,第675页。

发展的滞后状况，为此提出了应在社会主义之前实行具有过渡性质的新民主主义，而与这个阶段相适应的一种特殊的国家体制，应该有别于苏联的"无产阶级专政的共和国"，而是"几个革命阶级联合专政的共和国"。

通览整个中外国体概念史，日本的穗积八束将"国体"主要定义为"主权之所在"；美浓部达吉则将"国体"理解为一种历史文化意义上的概念；中国的达寿完全接受穗积八束的国体概念；而梁启超最具有思想个性的主张则是受美浓部有关政体学说的影响，将"国体"描述为"最高机关之所在"；毛泽东则并未一味拘泥于这些国体定义的历史纠纷，而将"国体"断定为"社会各阶级在国家中的地位"，从而具有明显的独创性，甚至是颠覆性。而这也是因为他将马列主义阶级国家论的基本立场破天荒地引入了国体概念史之中。①

当毛泽东将"国体"理解为"政权的阶级性质"时，从思想源流上追溯，即很显然是受到马列主义阶级国家论影响的。但是，从传统马列主义国家论的角度分析，实际上只存在两个层面有关国家的阶级性质的概念。第一个层面是一般意义上的"国家的本质"，这个概念是类似于政治哲学意义上的抽象概念，在这个层面，马列主义认为，国家就是一个阶级对另一个阶级施行强力的工具，甚至可理解为"某一个阶级用以实行其不受任何法律限制的权力——专政——的机关"。② 毛泽东在

---

① 众所周知，马列主义国家观主要是认为，国家就是阶级社会中的特别的公共权力，具体而言就是经济上占有统治地位的阶级为了维护和实现自己的阶级利益所实行的政治统治和管理组织。有关马列主义的阶级国家论，主要可参见恩格斯：《家庭、私有制和国家的起源》，载《马克思恩格斯选集》(第4卷)，人民出版社2012年版，第12—195页；列宁：《国家与革命》，载《列宁选集》(第3卷)，人民出版社2012年版，第109—221页。当今中国学者有关马克思主义国家观的集中论述，可参见王沪宁主编：《政治的逻辑——马克思主义政治学原理》，上海人民出版社1994年版，第135—166页。

② 〔苏〕吉尼索夫、蒙里钦柯：《苏维埃国家与法权基础》，法制委员会编译室译，中国人民大学1953年版，第6页。

此所接受的马列主义阶级国家论的影响主要在这一方面。第二个层面则是一种具体化的、特定国家（政权）的阶级性质，亦相当于毛泽东上述的"国家体制"这个概念。但在这个层面上，传统马列主义认为现代世界主要存在两种国家类型，即资产阶级专政的国家和无产阶级专政的国家；而毛泽东则从中国革命的实践出发，提出了三种类型的国家体制说，即在资产阶级专政的国家和无产阶级专政的国家之间，补充进了一种符合中国国情的国家体制类型，即"几个革命阶级联合专政的共和国"。不仅如此，毛泽东提出的有关"社会各阶级在国家中的地位"问题这个意义上的"国体"，则不属于以上两个层面，而属于这两个层面中间的一个独立的层面上的概念。这个层面的抽象性程度恰好与国体概念史上的国体概念相一致。

如此看来，毛泽东的国体学说在以下三个方面具有新的发展：第一，在马列主义有关一般意义上的"国家的本质"与具体的"国家体制"这两个层面之间，开拓出一个新的层面，即有关"社会各阶级在国家中的地位"问题这个意义上的"国体"概念。第二，在国家类型学方面，毛泽东又在资产阶级专政的国家和无产阶级专政的国家之间，补充进了一种第三种国家类型，即"几个革命阶级联合专政的共和国"。上述两个方面均在一定程度上丰富了马列主义阶级国家论的内容，对马列主义国家类型学的发展做出了独特的贡献。第三，在以往的国体学说中，如前所述，达寿接受穗积式国体概念的影响而将"国体"理解为"主权之所在"，梁启超最具思想个性的主张是受美浓部的影响而将"国体"理解为"最高机关之所在"，而毛泽东则将"国体"断定为是"社会各阶级在国家中的地位"。这一学说不得不说也是一种颇具独创性的论断。（如表1所示）

表 1　中国三位最重要的国体论者有关"国体"学说的比较

人　物	核心内涵的区别	思想源流
达　寿	主权之所在	穗积八束
梁启超	最高机关之所在	美浓部达吉
毛泽东	复合型主权者之力学结构	梁启超、马列主义

当然,毛泽东不仅选择了将马列主义在中国加以本土化的叙述立场,而且其所提出的见解也与中国以往的国体学说保持了一定的继承性。他首先用一个"闹"字描述清末以后有关国体的纷争,即显示了在早年时期梁启超对他所产生的深刻影响。① 据当今学者考证,青年时期的毛泽东不仅阅读过梁启超的《异哉所谓国体问题者》一文,而且对其极为推崇。② 在《新民主主义论》一文中,他专门采用"国体"概念,并将其与政体概念区分开来,显然与梁启超当年所秉持的"国体政体二元论"的思考框架也是一致的。其所谓的"国体问题"包括了何者为统治阶级、何者为被统治阶级的阶级状态问题,尤其是廓清了统治阶级的复合结构("国民"="革命的阶级"),而后者其实仍是一种复合型的主权者,为此他所理解的"国体",则可谓是这种复合型主权者的力学关系结构。诚如有学者更为简明地指出,毛泽东有关国体概念的定义,实际上还是涉及了国家主权的归属问题,即归属于哪一个阶级的问题,③为此仍然立足于国体概念史的历史语境。

与以往的种种"国体"概念一样,毛泽东的新国体概念,也具有将某种特定的政治权威加以正当化的功能以及国家建构的功能。如果秉持过去的国体概念,即将国体单纯地区分为君主制与共和制,则难以理解

---

① 可参见萧延中:《论梁启超对早年毛泽东的影响》,载《近代史研究》1988 年第 1 期。有关较新的总体性研究,可参见毛胜:《毛泽东读谈梁启超》,载《党的文献》2011 年第 4 期。
② 可参见萧延中:《论梁启超对早年毛泽东的影响》。
③ 李龙、周叶中:《宪法学基本范畴简论》。

共产党人所领导的新民主主义革命的历史意义。而毛泽东的国体概念,则为这场新民主主义革命赋予了正当的历史地位。不仅如此,它也为新民主主义革命指明了历史方向,即建立一个由"几个革命阶级联合专政的共和国",作为最终通往社会主义国家的过渡阶段。在这里,"国体"概念再一次成为"中国未来的国家建设"的基石。[1]

毛泽东的国体论,使得在中国民国后期以及日本战后分别渐趋式微的"国体"概念获得了再生,也使得国体概念史在中国得到了续写,并对新中国的立宪实践以及宪法理论均产生了重大影响。可以说,无论是新中国历部宪法第一条的设定,[2]还是宪法学理论框架的确立,都受到了毛泽东国体论的根本性影响。

新中国历部宪法的第一条虽然在规范性语句上存在着微妙差异,但都根据毛泽东有关国体的学说将"社会各阶级在国家中的地位"加以实定化。比如现行宪法第一条规定:"中华人民共和国是工人阶级领导的、以工农联盟为基础的人民民主专政的社会主义国家。"彭真即曾在现行宪法修改草案报告中针对现行宪法第一条明确指出:"这就是关于我们国家性质的规定,是我国的国体。"[3]

新中国宪法规范所确立的这种"国体",是有内部结构的,即旨在建构一种可谓"有关各阶级在国家中的政治力学关系的结构"。毛泽东有

---

[1] 参见胡筱秀:《国体与政体之间的关系研究——兼论人民政协制度的定位》,载《政治与法律》2010年第9期。

[2] 1954年宪法第一条规定:"中华人民共和国是工人阶级领导的、以工农联盟为基础的人民民主国家。"1975年宪法第一条对此作出了较大修改,规定:"中华人民共和国是工人阶级领导的以工农联盟为基础的无产阶级专政的社会主义国家。"1978年宪法第一条沿袭了这一规定。而1982年宪法第一条则规定:"中华人民共和国是工人阶级领导的、以工农联盟为基础的人民民主专政的社会主义国家。"

[3] 彭真:《关于中华人民共和国宪法修改草案的报告——1982年11月26日在第五届全国人民代表大会第五次会议上》,载王培英编:《中国宪法文献通编》(修订版),第57页。

关国体的学说正集中地体现于这一点。而"国体"的这种内部结构又是有规范性秩序的,并内在地要求一种合理的规范性秩序,正因如此,这种国体条款也具有一种国家统合的功能。

毛泽东的国体学说对新中国的宪法学理论也产生了根本性影响,特别是新中国成立之后长期居于主导地位的"政治教义宪法学",①主要就是依据这个学说确立其理论体系基本框架的。环顾新中国时期的法政领域,总体上而言,国体概念仍是一个重要概念,尤其是在宪法学理论中更是如此。只不过该时期有关国体理论的各种论述,基本上都是对毛泽东国体学说的转述或注解,并在此基础上形成了关于国体学说的主流见解。其要点无非是:第一,国体即国家性质,也即国家的阶级本质,指是哪个或哪些阶级在国家政权中处于统治地位;第二,政体是国家政权的组织形式;第三,国体与政体的关系是内容与形式的关系,其中,国体决定政体,政体与国体相适应,但也具有一定的独立性。②

在此值得一提的是,从亚里士多德式的政体论,到马基雅维利和博丹的政体分类,再到德国近代国家法学中的 Staatsform 这个概念,西方的国家类型学实际上经历了不断从实质性概念到形式性概念的转化过程。但与此相应,国家形态的分类本身不是进一步精细化了,反而在

---

① 关于新中国的"政治教义宪法学",参见林来梵:《中国宪法学的现状与展望》,载《法学研究》2011 年第 6 期。

② 参见吴家麟编:《宪法学》,群众出版社 1983 年版,第 115 页以下;张光博:《宪法论》,吉林人民出版社 1984 年版,第 68 页以下;许崇德编:《中国宪法》,中国人民大学出版社 1989 年版,第 109 页以下;周叶中编:《宪法》(第三版),高等教育出版社 2011 年版,第 186 页以下。但值得一提的是,在上述这些有代表性的宪法学体系书中,直接以"国体—政体"作为章名来论述的,只有张光博先生。张先生对国体概念的重视,也引起了日本学者长尾龙一的关注,后者并曾指出这种学说与穗积八束具有密切的渊源关系。参见:長尾龍一「穂積八束(1860－1912)—国権主義の憲法学者」『法学教室』(1994 年第 4 号)。 但其实,更为接近穗积八束学说的观点(或曰清末民初中国国体论主流观点)的,毋宁说是李龙、周叶中在前出那篇论文中的观点。参见李龙、周叶中:《宪法学基本范畴简论》。

一定程度上趋于简约化。这在知识社会学上不是偶然的。究其主要原因,或许与马基雅维利和博丹等人置身于特定历史时期所采用的叙事策略有关,尤其是与近代德国法律实证主义的兴起具有密切关系。作为国体概念之内涵的源头,近代德国一般国家学中的 Staatsform 本具有"强形式性";穗积式的国体概念,由于引入了政治神学的意涵,只具有某种"弱形式性"了;而受到美浓部学说影响,将国体理解为"最高机关之所在"的梁启超式国体论,则又在一定程度上恢复了其国家形态原意上的那种"强形式性";但及至毛泽东式的国体论,由于将国体定位为"各阶级在国家中的地位",国体概念获得了空前的"强实质性",乃至被等同于"国家性质"的概念。国体内涵所发生的这种次第的嬗变,尤其是从最初在德国含有形式性含义的一个用语(Staatsform),直至最终在中国演变成为一个被赋予了实质性含义的概念(国家性质),其变迁之剧,在中外宪法学说史上有可能极为鲜见。

但时至今日,我国宪法学界也次第出现了一些微妙的动向:部分学者在其宪法学体系书中回避使用国体概念;也有学者认为,国体概念是一个实质性的概念,而法律则应是形式性的,为此宪法不应涉及国体的内容。① 无独有偶,有学者指出:"国体—政体"在本质上是政治学概念而非宪法学的概念,其在 20 世纪 50 年代我国宪法学中虽曾已存在,但尤其特殊的历史背景,而今则已经完成了其历史使命。② 晚近,还有新生代年轻学者提出了类似前述民国时期张知本有关国体见解的观点,认为:国体和政体的区分存在逻辑上的困难,其中政体不过是对于政权典型特征的概括,而国体与政体概念之分应予以抛弃。③ 凡此种种,可

---

① 参见韩大元、林来梵、郑磊编:《中国宪法学基本范畴与方法》,法律出版社 2010 年版,第 218 页。
② 参见同上。
③ 参见涂四益:《国体政体之分的两种版本》,载《湖南警察学院学报》2012 年第 4 期。

归纳为一种"去国体概念"的动向。但值得指出的是,这种动向仅属非主流之列,尤其是近年刊行的"马克思主义理论研究和建设工程重点教材"(即"马工程")的《宪法学》,仍然采用了上述有关国体概念及理论,①这意味着其主流地位亦得到重新确认。

七、结语

透过国体概念史,我们可以看到:国体概念是国家类型学上由传统的政体概念中衍生出来,但其所指则比政体更为重要的概念。它由一个见诸中国古典文献的普通词语在近代日本演变成为一个法政术语,在意涵上又经历了从德国移植到日本、再从日本移植到中国的一种可谓"跨国交叉往复移植"的过程。国体概念的这种犹如白云苍狗式的变迁和移植过程,有可能是近代中国诸多人文社会科学用语移植过程中最典型,也最生动的范例之一,②更可以看作立宪主义在东亚国家得以继受和发展的一个历史缩影。

国体概念不是一个单纯的概念,而是一个重要的概念装置。正如日本著名宪法学史学者铃木安藏先生所认为的那样,它与其说是一个法律概念,毋宁说是一个"极为政治性的用语"。③ 一国在特定历史时期究竟应采何种国体,即使被付诸宪法规范的实定化,亦会构成宪法上最大的"保留条款",其内涵甚至具有某种超宪法的重要地位。这种内

---

① 参见《宪法学》编写组:《宪法学》(马克思主义理论研究和建设工程重点教材),高等教育出版社、人民出版社2011年版,第105页以下;同《宪法学》(第二版),高等教育出版社、人民出版社2020年版,第109页以下。

② 有关这一问题,法学领域中的相关研究可举王健:《沟通两个世界的法律意义——晚清西方法的输入与法律新词初探》,尤其218页以下;另仍要举〔日〕实藤惠秀:《中国人留学日本史》(修订译本),谭汝谦、林启彦译,尤其第237—285页。

③ 铃木安藏「穂積八束『憲法提要』における基本的理論」『立正法学』第4卷第1号(1970年8月)参照。

涵往往并不取决于学术上所获得的结论,而是取决于历史传统、时代背景下各种因素综合作用的结果。这便是作为国体论者的梁启超最终所悟到的"不问国体,只问政体"这一论断的深意之所在。

但由于"国体"概念本身旨在确立宪法上针对变革或革命的某种"保留条款",为此往往与保守主义的观念相联系。这一概念亦曾暗含了伦理文化意义上的本土特色、神圣不可变的,或曰"固有与绝对"[1]等意涵,是近代德日流法政传统理论中国家主义的一个概念。正因如此,在日本,国体观念只能存在于明治宪法之下,时至现代日本宪法时代,由于该宪法确立了与国家主义迥然有别的国民主权原理,国体概念遂退出了历史舞台。而在当今中国,国体概念之所以能得以继存,则是由于毛泽东创造性地切换了国体概念的传统内涵,使之能够在阶级国家论的意义上与人民主权原理(现行宪法第2条第1款)相并立。

作为一个概念装置,国体概念也具有一些特殊的功能,其中主要包括建构国家形态、将特定政治权威加以正当化以及形成国家统合原理等重要功能。由此形成了这一概念相继被跨国移植的动力机制,并有力推动了其内涵在不同国家不同时期发生相应的演变,乃至从最初的形式性概念最终嬗变为一个实质性概念。

需要强调的是:国体概念之所以如此重要,最根本的原因就在于其内涵往往被赋予国家统合原理的内容,为此发挥了上述的那种形成国家统合原理的功能。近代以来的日本即有意识地,并且也颇为有效地解决了国家统合问题,而在此过程中,国体概念就曾经发挥了这种功能。尤其值得一提的是,自日本江户末期开始,国体概念就成为用于构筑国家统合的一种具体原理,比如在会泽式国体观之中,便已然开始出

---

[1] 参见〔日〕子安宣邦:《福泽谕吉〈文明论概略〉精读》,陈玮芬译,第36页。

现了以天皇的权威塑造国家精神"一体性"的谋划,力图让国家与臣民在被神格化了的天皇之下得到统合。而在明治时期穗积式国体论中,这种政治神学的含义与法政含义得到了结合,更是有效地发挥了形成国家统合原理的功能。即使在战后日本宪法之下,国体概念趋于消亡,但宪法第一条中所规定的"天皇是日本国的象征以及日本国民统合的象征",仍留下了这种国家统合原理的遗韵。

反观中国,清末民初君主立宪运动的反复挫败以及传统帝制的最终覆灭,使得如何重新统合国家的要务持续性地成为重大历史课题,但除了梁启超等个别宪政思想家之外,很少人深刻意识到构建国家统合原理这一历史课题的重大意义。时至1912年8月,《国民党宣言》的起草者似乎幡然醒悟,指出:"天相中国,帝制殄灭,既改国体为共和,变政体为立宪,然而共和立宪之国,其政治之中心势力,则不可不汇之于政党。"[1]这在某种意义上已开始初步意识到在政治权力担当者的维度上确立国家统合原理的课题,尽管这仅仅只是国民国家并未实现这一特定历史条件下的权宜之策。民国时期,"以主义冠国体"的立宪成例,实际上也是在此延长线上产生的。此后,只有毛泽东创造性地变造了国体概念,提出了一个政治社会学意义上的国体学说,而其在新中国历部宪法的实定化结构里,同样蕴含了以"中国共产党(工人阶级先锋队)的领导"来实现国家统合的深层意涵。

当然,这一意涵只是我国宪法国体条款所蕴含的初始含义。而从其规范意义的逻辑脉络上而言,既然中国共产党是国家统合的主导力量,这就内在地要求其随着时代的发展尽力反映最大多数人民的意志,同时也要求中国共产党在新的历史时期转变执政方式,实行依法执政,

---

[1] 广东省社会科学院历史研究室等合编:《孙中山全集·第二卷 1912》,第396页。

建立现代法治秩序,①惟有如此,才有可能有效实现国家统合的目标,达致大国治理秩序的稳定,顺利完成艰巨卓绝的社会转型,最终实现"中华民族伟大复兴"的理想。质言之,我国现行宪法上的国体条款,作为隐含了国家统合原理的一个重要载体,其规范性内涵本身也蕴含了一种继续形成与自我演进的内在机理。②

从这种意义上而言,当今的中国宪法学与其无谓地拒斥"国体"这一概念,毋宁反过来将此概念作为理解中国宪法规范结构的一把钥匙,甚至作为把握中国立宪主义长期所直面的历史课题,并展望其未来应有发展方向的一个关键。

---

① 有关这一点,在我国的国体概念史上也是有惨痛教训的。1975年宪法即曾在极左思潮和法律虚无主义的影响下,将"坚持无产阶级专政下的继续革命"加以实定化,过度强调"阶级斗争",为此打破了国体内部秩序应有的合理结构,导致国家统合功能出现严重障碍,整个国家陷入了动荡危机,直至现行宪法国体条款的确立,这一偏向才得到彻底的纠绳。

② 新中国政治实践的经验与教训均证明了这一点,特别是自现行宪法颁行以来,我国宪法实践的发展进程在总体上正是依循这种理路发展而来的。中共十八大进一步明确地将"民主"和"法治"这两个现代宪法原理纳入了中国特色社会主义核心价值体系,则更是验证了这一点。

第二章 权利

权利概念史:以中日间的移植交流史为视角①

一、引言

众所周知,当今中国的许多法政概念,均是近代西方的"舶来品",其中许多概念甚至是经由近代日本移植而来的。但这一事实本身,并不能完全否定在这些概念移植史上中国主体性立场的重要意义。已有研究表明,如果从上述这种立场出发,我们可以更好地发现,这些概念的移植,往往并非是中国对西方文本的直接摄取,或是从他国到中国的单向输入,而是可能经过了跨越多国之间的多向交叉的移植过程,甚至可能经过了与共同处于继受国地位上的其他国家——如日本之间的互向往复、彼此交流的移植过程。②

有鉴于此,对这些概念在中国移植过程的考察研究,就不应该拘泥于狭隘的视阈,而有必要将其置于中日两国之间西方法政概念移植交流史这一角度加以把握。一旦基于这个视角,我们就会认识到:每一个

---

① 本文在研究和写作过程中,日本学界的石塚迅教授(山梨大学)、吉川冈教授(爱知大学)、朱晔教授(静冈大学)、松井直之教授(立教大学)等诸君在日本文献资料的收集方面提供了有力的帮助,在此致谢。
② 姑且参见拙文:《国体概念史:跨国移植与演变》,载《中国社会科学》2013 年第 3 期,第 68 页以下。

法政概念的移植都可能有其具体契机、文本依据、移植回路、传播历程与意义变迁,以致可以分别构成一部又一部各别的概念移植交流史。

本文即拟透过这种宏阔的分析框架,考察"权利"这个重要的法政概念在中国的移植交流史。这也是由于"权利"这个概念,拥有一段特别的"身世"——与近代时期移植的许多法政概念不同,该词原本就并非创制于日本,然后再输入中国的,相反,是率先创制于中国的"权利"一语为近代日本所吸纳,并在传播过程中确立为一个公用语,最后又对其在中国的传播与落定发挥了有力的推动作用。

有鉴于此,本文首先将在国内学人研究结论的基础上,考察权利一词的输入过程,尤其是进一步考详作为译语的该词在中国的率先创生以及被日本引入的具体细节及其相关史实的直接依据;接着再透视"权利"概念在东方国家移植的传统文化基础,并分析囿于这些传统文化基础的不足而导致的诸种问题性,特别是分析该译语本身的缺憾及其意义后果;最后以梁启超的权利观在日本的形成作为权利概念在近代中国社会得以落定的一个标志,进而揭示该概念移植交流史的纵深构造。

值得预先交待的是,在西学东渐的过程中,概念的移植是一种颇为复杂的过程,堪称"语言学事件"。其中,广义的"移植"具有一定的广延性,不仅包含了译语的创生和输入,还包括了概念的意义变迁、与本土文化的调适、法条化等诸多环节,间中难免涉及由"他者"转化为"我者"的种种问题。然而,基于鄙人目下的学术兴趣,本文虽立足于概念移植交流史这一宏阔的分析框架,但主要聚焦"权利"概念在中国的输入与落定这两个环节的具体情景与过程。主题范围的这种自我限定,乃基于这样的考虑:权利概念的输入和落定,不仅在广义上的移植过程中具有关键性的意义,而且也最能反映该概念移植交流史的动态图景。

二、"权利"一语的创生

当今中日等东亚国家都使用"权利"这一概念。但在东亚传统文化中,本来并无与 right(英语)、droit(法语)、regt(荷兰语)等西方的权利概念完全对应的类似观念及用语。毋庸赘言,作为法政概念的"权利"这一用语,是在近代时期随着所谓"西法东渐"的过程中创生的。

然而,西方式的"权利"概念又是如何移植到中日等东亚国家的呢?对此,中日两国学术界均有一个逐步认识的过程。

今日已有不少人得知,明治时期的日本,曾经通过借用中国汉字翻译西方文献,借此卓有成效地完成了学术用语的系统创制,建立了以大量抽象意义的汉字词为特征的近代词汇体系,并以相当程度的规模流入近代中国。[①]

而作为中日法政概念移植交流史上的一个具体个案,"权利"一词也曾一度被认为是属于从日本流向中国的一个"词侨"。如下文所述,近代日本法学界巨擘穗积陈重博士即持有这样的见解。[②] 中国学界自民国开始也有许多学者认为"权利"一语是从日本引进的译词,并达到"殆无争议"的程度。[③]

但自20世纪90年代始,李贵连教授等一批中国学者认识到:与许

[①] 参见沈国威:《近代中日词汇交流研究:汉字新词的创制、容受与共享》,中华书局2010年版;另外,可参见李运博:《中日近代词汇的交流——梁启超的作用与影响》,南开大学出版社2006年版。

[②] 『穂積陳重遺文集』第二巻「権利の感想」(明治二一年『法学協会雑誌』第五五・五六・五七号掲載)第33—51ページ参照。

[③] 参见李贵连:《话说"权利"》,载《北大法律评论》第1卷第1辑,北京大学出版社1998年版,第115页;另参见燕树棠:《权利之观念》,载《公道、自由与法》,清华大学出版社2006年版,第70页以下;王健:《沟通两个世界的法律意义——晚清西方法的输入与法律新词初探》,第219—222页。

多法政概念来自近代日本对西方文献的移译、然后再移植到中国的情形不同,近代以来在中日两国通行的"权利"这一概念,作为译语,起初是在近代中国创生的;具体而言,1864年刊行的、由美国在华传教士丁韪良(W. A. P. Martin)主持翻译的《万国公法》一书中,就已使用了"权利"一词,旋即该书流入日本,此用语亦被日本所接纳,并传播开来。[1]

但李贵连教授等中国学者的上述观点,主要是依赖日本历史学者实藤惠秀教授在20世纪60年代初版的《中国人留学日本史》一书中所提供的资料提出的。后者又主要根据的是大槻文彦《箕作麟祥君传》一书中的一个判断,即:近代日本法政领域的著名翻译家箕作麟祥在明治初年受命翻译外国法律文献时,创制了很多新词语,但其"所创的新语中,似乎只有'权利'和'义务'两译语(right及obligation)是从汉译《万国公法》一书取来"。[2] 至于该词移植的具体回路和重要细节,李贵连教授等中国学者的研究尚未考详,尤其是对于箕作麟祥借用汉译"权利"一语的结论,尚未找到确切的第一手文献予以证明。这也是因为,实藤惠秀在《中国人留学日本史》一书中也没有提供具体的证据。

考诸史籍,我们确实可以发现:早在1864年,丁韪良主持翻译的

---

[1] 中国国内法学界有关这个问题的最早研究,可参见李贵连,同上文。其后,引人瞩目的相关研究,可参见俞江:《近代中国民法学中的私权理论》,北京大学出版社2003年版,第90—91页;王健,同上书,第219—255页;申卫星:《民法基本范畴研究》,法律出版社2015年版,第103—117页。另外值得一提的是,在此之前,日本的实藤惠秀教授还发现:中国学者郑奠在1958年《中国语文》杂志总第68期上曾发表过《关于现代中国语的"日本词汇"》一文,文中即指出:认为"权利"是来自日本的词汇,是一个错误,1864年中国同文馆所译《万国公法》卷一就有"人民通行之权利"一句,甚至推断是日本借用了该译语。参见〔日〕实藤惠秀:《中国人留学日本史》(修订译本),谭汝谦、林启彦译,第275页。

[2] 〔日〕实藤惠秀,同上书,第238页。

《万国公法》一书在中国付之梨枣，①书中即已频繁使用了"权利"一词，至少已达 81 次，"权"字则出现了 760 次之多。② 作为中国法政概念的"权利"一词的滥觞即在于此。

但此书当年在中国只发行 300 本，其中少量从长崎流入日本，翌年便在幕府开成所翻刻发行，引起该国士林高度瞩目，与福泽谕吉的《西洋事情》一道，成为整个日本"幕末的两大畅销书"。③

随之，箕作麟祥在明治初年受命翻译法国法律文献时，乃从汉译《万国公法》中借用了"权利"这一译语，具体时间可推断大致是 1870 年左右。④ 应该说明的是，箕作麟祥的这一"借用"，在中日两国有关权利概念移植交流史上具有特别意义。这不仅是因为其本人在当时的日本法律翻译界拥有举足轻重的地位，而且还由于其时他是受到日本政府民法编纂会会长江藤新平之命翻译法国相关法典时借用汉译"权利"一词的，对该词在日本确立为一个公用语产生了极为重要的影响。

至于可以更为直接证明箕作麟祥借用了汉译"权利"一词的第一手日文资料，也可见诸大槻文彦所著的《箕作麟祥君传》一书中另一处的记载。对此，实藤惠秀在《中国人留学日本史》中未加援引。这就是《箕作麟祥君传》中所记述的传主箕作麟祥曾于明治二十年（1887）9 月 15 日在明治法律学校（今明治大学）开学典礼上的演讲中所说的一段话，

---

① 这里所说的《万国公法》，是当时美国著名国际法学家惠顿（Henry Wheaton）所著的《国际法原理》（*Elements of International Law*）(1836)。另外值得一提的是，美国人传教士丁韪良虽然主持了该书的中文翻译，但初稿的完成获得了何师孟、李大文、张炜、曹景荣这四位中国人的协助，其校订也为陈钦等四位中国政府（总理衙门）的秘书人员完成。丸山真男＝加藤周一『翻訳と日本の近代』（東京・岩波書店、1998 年）第 120－121 ページ参照。
② 有关统计研究，可参见金观涛、刘青峰：《观念史研究——中国现代重要政治术语的形成》，法律出版社 2009 年版，第 113—115 页。
③ 丸山真男＝加藤周一・前掲書第 119 ページ。
④ 大槻文彦『箕作麟祥君伝』（東京・丸善、1907 年）第 100－102 ページ参照。

其中,箕作麟祥自己承认了一个事实,即:"权利"这个译语不是他本人首创的,而是他在明治初年受命从事法国法典翻译过程中,从丁韪良汉译《万国公法》中转用的。

根据该书所提供的有关演讲实录,箕作麟祥当时说道:

> 权利、义务所云之语,今日尔等或不明其由,余用之于译著中时,大感兴奋也。然因不可谓余做了任何发明,故未得专卖特许也。(喝彩、笑声)只因中国译《万国公法》已将 right 与 obligation 所云词语译为权利义务,故借用之,非盗之也。①

以上这份资料,可作为证明箕作麟祥在丁韪良《万国公法》中借用了汉译"权利"一语的第一手日语文献。它至少比李贵连教授在实藤惠秀《中国人留学日本史》一书中所转引的资料更具有直接性。在当代日本,也有学者曾引用过上述这段资料作为论说的有力依据。20世纪70年代,前田正治教授就曾援引了这段话,借以提出了箕作麟祥借用中国《万国公法》中的"权利"概念的观点;②20世纪80年代,利谷信义教授在东京大学出版会所出版《思考日本的法》一书中,同样依据这份文献

---

① 大槻文彦『箕作麟祥君伝』(東京・丸善、1907年) 第101ページ。其原文为:権利だの、義務だのと云ふ語は、今日では、あなた方は、訳のない語だと思ってお出ででありませうが、私が翻訳書に使ったのが、大興奮なのでございます。併し、何も私が発明したと云ふのでは無いから、専売特許は得はしませぬ、(喝采、笑)支那訳の万国公法に「ライト」と「オブリゲーション」と云ふ字を、権利義務と訳してありましたから、それを抜きましたので、何も盗んだのではありませぬ。

在此顺便值得一提的是,迄今为止中国学者提出"权利"一词创制于中国之论断时,已引用到该书中的资料,但均转引自实藤惠秀的《中国人留学日本史》一书,而且所引用的只是其中大槻文彦对这一情形的介述,而非上引该书中箕作麟祥的原话部分。现作为有力的第一手资料,在此特予抄录。

② 前田正治「『権理』と『権利』覚え書」『法と政治』(関西学院大学) 第二五巻第三・四号(1975年3月)第372-380ページ参照。

得出相同的结论。①

当然，这份文献也有一些问题。它本来源自于箕作麟祥事过十多年后的一个回忆，但不知道是由于箕作麟祥记忆错误，还是由于大槻文彦在《箕作麟祥君传》中记述错误，检索丁韪良汉译《万国公法》一书，未能查到"义务"一语。②

应该承认，这就使得上述这份文献的可靠性打了一些折扣。然而，在日本独特的文化传统下，其知识人所拥有的特强的资料收集保存能力基本上还是可以信赖的。而仅凭上述一点就要完全推翻该份文献的证明力，尤其是要推翻箕作麟祥在丁韪良《万国公法》中借用汉译"权利"一词这个结论，也是困难的。③

值得重视的是，在箕作麟祥于明治初年从丁韪良汉译《万国公法》中借用"权利"一语之前，日本庆应四年（1868），荷兰留学出身的启蒙思想家西周与津田真一郎（后名津田真道）根据荷兰法学家、莱顿大学的费塞林格（Vissering Simon）所述，分别翻译并出版了《万国公法》与《泰西国法论》，两人不仅均采用过"权"字造词，而且津田在《泰西国法论》卷一第一篇第六章中还采用了"人民之权利"一语，④在卷二第六篇第一章又采用了"国民之权利"一语。⑤ 也正因如此，穗积陈重就曾认

---

① 利谷信义『日本の法を考える』（東京大学出版会、1985年）第150-152ページ参照。新近的研究可参见：大野達司＝森元拓＝吉永圭『近代法思想史入門：日本と西洋の交わりから読む』（京都・法律文化社、2016年）第8-9ページ。

② 拙文《权利概念的移植交流史》发表一段时间之后，鄙人曾接到童之伟教授的信息，得知他在近期的一个合作研究中发现了这一点。有鉴于此，笔者也曾请学生助理做了相关检索，确认了这个事实。

③ 初步推断，箕作麟祥1887年9月15日在明治法律学校开学典礼上的演讲中的那段话，确实可能存在记忆错误问题，但从丁韪良汉译《万国公法》中借用"权利"一词，乃是其回忆的核心部分，该部分应该没有错误，错误发生在"义务"一语也是从丁韪良汉译《万国公法》中借用的这个延伸部分。有关这一点，尚有待于中日两国学者在未来的研究中继续考证。

④ 津田真一郎『泰西国法論』（東京・洋洋社、1876年）第23ページ。

⑤ 同上、第91ページ。

为"权利"一词乃由津田真一郎所创。①

但穗积陈重的此说,在日本早已被推翻。根据日本研究者的考证,西周和津田其实均读过丁韪良汉译《万国公法》。西周在自译的《万国公法》一书的凡例中就专门提及此书。② 而日本学者中田薰博士亦根据研究明确指出,津田在《泰西国法论》中所使用的"权利",也是借用了丁韪良汉译《万国公法》中的"权利"一词的。③

当然,有必要指出的是,津田真一郎的《泰西国法论》一书在日本的西方法政概念移植史中具有极其重要的地位。此书不仅是第一部由东方人系统转介西方公法原理的著作,而且较早地采用,甚至第一次提出了数量可观的法政概念。其中最有代表性的,除了上述的"权利"之外,还多次使用了与"权利"一语密切有关的"人权"一词。后者可推断为东亚国家首创的"人权"译语,并在此后被移植到中国。

比如,该书开篇之前所设的《凡例》,其内容多体现了译者津田本人的思想,而内中介绍了刚结束不久的美国黑奴解放运动,并接着写道:

> 法论之本意在于保人人自立自主之权。彼国旧时曾有剥夺一切之人权,使活者犹同死人之刑,今已废。此法学一层加高之一明证也。④

不难看出,此处所使用的"人权"一语,是被理解为个人的"自立自

---

① 参见王健:《沟通两个世界的法律意义——晚清西方法的输入与法律新词初探》,第222—224页。
② 尾川昌法「明治の人権論・ノート」(4)(岡山人権問題研究所『人権21』誌、2003年)第34ページ参照。
③ 前田正治「『権理』と『権利』覚え書」『法と政治』(関西学院大学)第二五卷第三・四号(1975年3月)第27ページ参照。
④ 津田真一郎訳・前掲書第16-17ページ。

主之权"的,即相当于广义上的权利。同样在此《凡例》之中的前面部分,津田在解释 regt(荷兰语,指权利)等西语时,亦即指出:这些词"原本含有基于正直之义,伸张正大直方、自立自主之理之意"。①

当然,"人权"一词在《泰西国法论》中也具有多义性。该书第一卷第三篇中也采用"人权"这一译语,其中写道:"众庶同生彼此相对互有之权,此人权之谓也。"②此处的"人权",是与民法上的"物权""约束(契约)"相并列的一个概念,实乃相当于民法上的人身权。

但该书在第二卷中,列举了包括"自身自主之权""住居不受侵犯之权""行事自在之权"等十二项人民针对国家的权利,在译语上统称为"住民相对国家所有之本权"。③ 这些权利,实际上才是宪法上所保障的基本权利,相当于人权。

总之,津田的《泰西国法论》不仅采用了"权利"一语,而且对其内涵已有一定认识和阐发,并立足于这个基础上,在亚洲的西方法政概念移植史中首创了"人权"一语。

回到"权利"一语的话题,我们要认识到,在中日两国法政概念的移植交流史中,"权利"概念的移植交流史,殊为值得重视。这自然是由于近代以来中国所使用的许多法政用语,大多均是转借于日本对西方政法用语的翻译,即对中国而言,乃属于对西方法政用语的二次继受或"转继受"。即使其中的部分译词是借鉴了中国古籍中的用词而构成的,也具有"回归词"或"词侨"的性质。而像"权利"一语这种直接由中国原创、再为日本所输入的译语,则颇为鲜见。

当然,已有研究显示:其实,大量日制译词、新词流入中国的现象主

---

① 津田真一郎訳・前揭書第14ページ。
② 同上、第41ページ。
③ 同上、第91—93ページ。

要是发生在甲午中日战争之后。彼时中国开始大规模吸收西学,而通过留日学生以及部分先觉者从日本引进译词和新词,则成为一种重要的移植路径;而在这之前的很长一段时期(可追溯到十六世纪末利玛窦来华时期),西方各国传教士来华,即已开始了西学移译和新词创制的活动,其间还吸收了中国知识人的参与,后期甚至由清政府方面直接主导进行,其中部分译词亦时有流向日本。① "权利"一词就属于这个时期流向日本的译词之一。

三、继受国的文化基础及继受的问题性

如前所述,在东亚传统文化中,本来并无与 right(英语)、droit(法语)、regt(荷兰语)等西方的权利概念完全对应的类似观念及用语。那么,当年,"权利"这个译语的创生与传播,在中日两国是否完全不具备任何传统文化的基础呢?

这个追问在学术上首先也可表达为:"权利"一词是否是丁韪良汉译《万国公法》为了翻译西语 right 所"铸造"的一个"新语"呢?

对此,日本的穗积陈重曾经持有明确的肯定性见解,只不过他认为:"权利这种观念于本邦人民所匮缺,无一事足以论证于我邦语上有符合英语 right 之言语";不仅如此,连"权利"这个词也是"当泰西之法学甫入本邦之时",由于不存在"译出 right、droit 等观念和语汉词,故不得已新铸造了权利之译语"。② 无独有偶,现代日本著名法学家川岛武宜教授亦主张,"权利这个语词,在自德川时代以来的固有日本语中

---

① 参见沈国威:《近代中日词汇交流研究:汉字新词的创新、容受与共享》,第 22—29 页。
② 『穗積陳重遺文集』第二巻「権利の感想」(明治二一年『法学協会雑誌』第五五・五六・五七号掲載)第 33-51 ページ。

本来是没有的"。①

但这种观点已受到诸多日本学者的批评,后者发现:历史上传入日本的《史记》《荀子·劝学》等中国古籍上早已出现"权利"一词。② 其实,早在 20 世纪 30 年代,渡边万藏在其《现行法律术语的历史考察》一书中,就曾指出这一点。③

在中国学界,除李贵连教授指出《荀子》《史记》等古籍中已有"权利"一词之外,④当代学者金观涛、刘青峰也发现,仅《盐铁论》一篇,即曾十一次出现"权利"一语。⑤ 只不过这些中国古籍中的"权利"一词,其意义一般多为权势和利益。⑥ 而根据现代日本学者的考证,日本江户时期同样也曾出现过"权利"一词,比如有人即以"天下之权利随心所欲"之说批评当时的幕府,其中的"权利"一词的含义,同样也属于权势或权力与利益的合称。⑦

总之,近代之前中日两国本身确实已有"权利"一语,但不甚多见,而且如下所述,其含义也与近代从西方流入东亚的 right(英语)、droit（法语)、regt(荷兰语)的原义径庭有别。

但值得进一步追问的一个问题是:在西方式的权利观念传入之前,

---

① 尾川昌法「明治の人権論・ノート」(7)（岡山人権問題研究所『人権 21』誌、2003 年) 第 28 ページ参照。
② 前田正治「『権理』と『権利』覚え書」『法と政治』（関西学院大学) 第二五巻第三・四号(1975 年 3 月）第 372－375 ページ参照。
③ 渡辺万藏『現行法律語の史的考察』（万里閣書房、1930 年) 第 55－56 ページ参照。
④ 参见李贵连:《话说"权利"》,载《北大法律评论》第 1 卷第 1 辑,北京大学出版社 1998 年版。
⑤ 参见金观涛、刘青峰:《观念史研究——中国现代重要政治术语的形成》,第 110—111 页。
⑥ 参见同上书,第 111 页。
⑦ 尾川昌法「明治の人権論・ノート」(7)（岡山人権問題研究所『人権 21』誌、2003 年) 第 29 ページ参照。

中日等东亚国家是否完全没有某种相当于"权利"的观念意识?

对此,与传统的见解不同,当今日本法制史学界已有学者持否定立场。有代表性的见解认为,日本在江户时代后半期,社会上已出现"株""分""分限"等用语,这意味着近现代式的"权利"意识已相当成熟,同时也成为此后的明治时期"权利"一词一旦成为法令上的公用语即以星火燎原之势被广为传播的一个要因。①

在中国方面,现今也存在类似的溯源性探究和见解。赵明教授即认为,"权利"观念和思想之所以能够在近代中国被引入并"得以发生",除了"西学"的冲击和现实的社会根源等动力因素之外,中国传统政治法律思想文化自身的内在演变也为之提供了一定的资源。②

而金观涛、刘青峰等学者的研究也显示,在权利概念输入之前,中国南方社会即已开始接触某种自主性观念。当然,这种观念不完全是内生性的,而是在西方的基督教(严格说是新教)的影响下出现的。其中,最早向中国人介绍个人自主观念的,是德国传教士郭实腊(Karl Friedrich August Gützlaff),他所主编的杂志《东西洋考每月统记传》于1833年在广州创刊,可能是中国第一本近代意义上的杂志。该刊即多次使用"自主之理""人人自主""自主之权"等含有天赋人权观念的用语。③

我国台湾地区学者刘广京教授则更早地从基督教思想的影响这个角度,探讨了在19世纪最后二三十年的中国"人人有自主之权"一词在伦理思想和政治思想上的含义,并分析了该词通过康有为、梁启超、谭

---

① 尾川昌法「明治の人権論・ノート」(7)(岡山人権問題研究所『人権21』誌、2003年)第28—29ページ参照。
② 参见赵明:《近代中国对"权利"概念的接纳》,载《现代法学》2002年第1期。
③ 参见金观涛、刘青峰:《观念史研究——中国现代重要政治术语的形成》,第115—116页。

嗣同、黄遵宪、何启、胡礼垣等人的广泛使用,在进入 20 世纪后不久开始为"权利"一词所代替的历程。①

然而,如果从中日两国之间的移植交流史这个角度来看,关于"权利"一语的移译与传播,以下几点是值得重视的。

首先,正如已有中国学者的研究所显示的那样,"权利"这一译语虽可能在中国率先创生,但由于当时的中国还没有足够深厚的文化基础和社会实践,为此在其后的三十余年中,该词一直未能在社会上得到普及。② 相形之下,《万国公法》一书进入日本后,则在其知识界广为流行,权利一语也大致在明治四、五(1871、1872)年左右,开始作为法规用语确定下来,随之于 1880 年代更在日本社会确立了稳定的地位。③ 反观中国,自丁韪良主持翻译的《万国公法》问世之后,"权利"一词虽然也得到一些使用,但一直未被翻译机构统一采用,也未被大多数知识人所接受。直至 1900 年,留学日本的章宗祥参照日本的有关译本将德国法学家耶林的《权利竞争论》(今译《为权利而斗争》)的部分篇章转译为中文并被广为传诵之后,"权利"一词才似乎在中国开始确立了公用语的地位。④ 1903 年,"权利"一词被清廷颁布的《公司律》所运用,成为正式的法规用语。

正因如此,中国当今研究者多认为:"权利"一语在中国创生之后三十多年,一直未得以稳固确立。李贵连教授即曾指出:自丁韪良在《万国公法》中使用"权利"一词之后,直至 19 世纪结束的约三十年间,国人对"权利"的认识殆无新说;只是进入 20 世纪初之后,近代"权利"一词

---

① 参见刘广京:《晚清人权论初探——兼论基督教思想之影响》,载夏勇编:《公法》(第一卷),法律出版社 1999 年版,第 23—40 页。
② 参见李贵连:《话说"权利"》。
③ 大野達司=森元拓=吉永圭・前掲書第 12 ページ参照。
④ 参见俞江:《近代中国民法学中的私权理论》,北京大学出版社 2003 年版,第 91 页。

才终于为国人所接受,并成为思想界的流行语。① 俞江教授曾较为细致地考察过"权利"一词在晚清中国曲折的传播过程,得出的结论也是:该概念自丁韪良在《万国公法》中创制之后,"中经三十余年"并未普及,其间在20世纪前夕,王韬等一些先进知识分子虽使用过该词,但有迹象表明许多人对该词的翻译"一直持保留态度",直至1903年清朝《公司律》采用"权利"一词为法规用语之后,"'权利'一说才有燎原之势"。② 晚近,金观涛、刘青峰通过"中国近代思想史专业数据库"(1830—1930)的检索分析,也同样印证了上述见解,尤其是比较明确地发现:在1900—1911年间,"权利"一词才成为中国最常用的政治文化词汇,③其间于1903年前后达到了峰值。④

综上所述,正如有学者所指出的那样,作为译语的"权利"一词虽非造之于日本,而是造之于中国,但日本法学对"权利"一词在中国的回流与勃兴也有着重要的推动作用。从这个意义上而论,"权利"一语对于中国来说,未必不可同样视为一个特别的"回归词"。

其次,"权利"一词在中日两国彼此确立之后,尤其是在初期,其内涵中的关系构造是有所不同的。对此,美国学者安靖如(Stephen Angle)就曾指出:"早期中国权利话语的核心是把国家视为权利的主体;人民(无论是个人还是集体)都还不是这个图景的组成部分。而在日本,人民很快就成为权利主张的中心,部分原因在于权利话语能够强调满足人民欲望的价值。"⑤应该说,安靖如的这个观点是剀切的。日本

---

① 参见李贵连:《话说"权利"》。
② 参见俞江:《近代中国民法学中的私权理论》,北京大学出版社2003年版,第86—92页。
③ 参见金观涛、刘青峰:《观念史研究——中国现代重要政治术语的形成》,第124页。
④ 同上书,第119页。
⑤ 〔美〕安靖如:《人权与中国思想——一种跨文化的探索》,黄金荣、黄斌译,中国人民大学出版社2012年版,第128页。

也有学者指出,"权利"一词之所以译为"权利",乃是因为其源自于丁韪良译《万国公法》即国际法著作所致的。又由于在国际法上国家作为主体最讲究权力或权益,为此选择了最近义的"权""权利"这样的译语。① 中国权利概念在其输入期的这个倾向,对此后国人的政法观念产生了深远的影响。

再次,另一个也很重要的问题是,尽管"权利"这个译语是在中国创生的,但这个译语在一定程度上可视为一个"不当的译语",主要表现在以下两个方面:

第一,"权利"一词,没有表达出其所对应的 right(英语)、droit(法语)、regt(荷兰语)等西语中原本所蕴含的"正当性""固有"等意涵,这不得不说是一个重大缺憾。② 当然,应该承认的是,right 等已被译为"权利"的西语,在东方传统文化语境中本来就很难找到完全对应的对译词语。

可能正是基于这一点,号称在译事上为了"一名之立,旬月踟蹰"的近代中国启蒙思想家、翻译家严复(1854—1921),对"权利"一词的态度是复杂的。1898 年,他在翻译赫胥黎的《天演论》时,曾一度将其中的"rights"译为"权利"。但 1902 年在给梁启超所写的一封信中,严复则坦言:"惟独 Rights 一字,仆前三年,始读西国政理诸书时,即苦此字无译,强译'权利'二字,是以霸译王,于理想为害不细。"③他分析道:"西文有 Born Right 及 God and my Right 诸名词,谓与生俱来应得之民直可,谓与生俱来应享之权利不可。何则,生人之初,固有直而无权无利故也,但其义湮晦日久,今吾兼欲表而用之,自然如久废之器,在在扞格。"④有鉴

---

① 可参见:大野達司=森元拓=吉永圭・前掲書第8ページ。
② 在日本,有关讨论很多。代表性的也可参见:柳父章『翻訳語成立事情』(岩波書店、1982 年)第 150 ページ以下。
③ 严复:《与梁启超》之三,载《严复全集》(第 8 卷),福建教育出版社 2014 年版,第 123 页。
④ 同上。

于此,严复曾一度将 right 翻译为"职""民直""天直"等语。① 这虽然揭示了 right 中所含的正当性、与生俱来等含义,从而弥补了"权利"一语的部分缺陷,但译词佶屈聱牙,在当时的中国也缺乏新的社会基础,最终亦未被国人所接受。而时至 1904 年,在翻译爱德华·甄克斯(Edward Jenks)的《社会通诠》时,严复又重新拾回了"权利"一词。②

其实,早在严复之前,已有日本学者认识到了 right 等西语的复杂内涵。如前所述,津田真一郎在解释 droit(法语)、right(英语)、regt(荷兰语)等西语时,即指出:这些词"原本含有基于正直之义,伸张正大直方、自立自主之理之意"。在此基础上,他还针对该词的多义性列举了其 10 种用法。③ 而当时日本的福泽谕吉等人也曾采用过像"权理"这样的比"权利"一词更为妥切、雅驯的译词,只是由于种种原因,没有取得主流地位。④ 凡此种种,也均体现了法政概念移植史的复杂性。

第二,"权利"作为译语还有另一个颇为重要的缺陷。对此,当代日本学者柳父章即曾指出:在"权利"一词中,尤其是在"权"字之中,汉字传统的"力"的含义与作为 right 的原有含义混合于一体。⑤ "权利"一词的这个问题性可谓影响深远。即使在日本自由民权运动高潮时期,right 的含义"一般得到相当的理解",但所采用的"民权"的"权"之中,就不知不觉地存在着传统含义与翻译语的含义之间的这种混合。⑥ 职是之故,近代日本在移植了"权利"概念之后,便逐渐产生出一种与强力

---

① 参见沈国威:《近代中日词汇交流研究:汉字新词的创制、容受与共享》,第 160—161 页。另参见金观涛、刘青峰:《观念史研究——中国现代重要政治术语的形成》,第 103—104 页。
② 参见〔美〕安靖如:《人权与中国思想——一种跨文化的探索》,黄金荣、黄斌译,第 154—155 页。
③ 津田真一郎·前揭书第 14-15 ページ参照。
④ 大野達司=森元拓=吉永圭·前揭书第 11-13 ページ参照。
⑤ 柳父章·前揭书第 168 ページ参照。
⑥ 同上、170 ページ参照。

相结合的权利观,乃至最终出现了加藤弘之的社会达尔文主义式的强权主义权利观。对此,当代日本学者也有反思。其中一种有代表性的观点认为:从明治十年代到二十年代,日本的立法"基本上向承认强者的无制约的权利这一方向前进",而法院对此也不能抑制,由此"产生了被极端歪曲的日本型法治主义"。①

近年,中国学者金观涛对中国的权利观念史研究也揭示了这一点。他将其原因归结于近代中国人学习西方观念的心态,以及当年社会达尔文主义对中国权利观念之再塑造,指出:"在相当多人的心目中,既然弱肉强食的生存竞争是不可抗拒之宇宙规律,它也是论证政治制度为正当的根据,那么,在人们用它来证明只有每个人必须在竞争中自强不息、国家才能独立时,力量和能力也就自然地与个人权利观念联系在一起,甚至有人认为强权即正义。"②金观涛的观点可谓切中肯綮,但值得注意的是,在中日两国之间的权利概念移植交流史中,上述日本的权利观对中国所产生的影响也不可低估。

在晚清的中国,最初用以表达权利所采用的一个颇为相近的重要用语,可推颇具东方特色,但含义相当模糊的"民权"一词。③ 这个译语与"权利"概念关系密切,其创制显然在一定程度上受到了"权利"一词的启发,为此也同样折射了"权利"一语的部分缺陷。

该语最初的源流也是来自于明治初年的日本。彼时箕作麟祥受命翻译法国民法典时,即将其中的 Droit civil 一词译为"民权"。④ 而从法

---

① 尾川昌法「明治の人権論・ノート」(7)(岡山人権問題研究所『人権21』誌、2003年)第31ページ。
② 金观涛、刘青峰:《观念史研究——中国现代重要政治术语的形成》,第133—135页,尤其是第135页。
③ 参见王人博:《民权词义考》,载《法的中国性》,广西师范大学出版社2014年版,第1页以下。
④ 参见〔日〕穗积陈重:《法窗夜话》,曾玉婷、魏磊杰译,法律出版社2015年版,第180—181页;利谷信义・前揭書第150-152ページ参照。

学知识上说,以"民权"一语对 Droit civil 进行翻译属于一种误译;后者亦很容易被理解为相当于英语的 civil right 一语,但这也属于一种误解;其真正的含义应是"民法",或是"私权",即人民在私法上的权利。而"民权"一语的意义范围更大,包括了人民在公法上的权利;至于 civil right,则主要指的是市民性权利,其中也包括公民的政治权利,但更含有前国家性和固有性的特征。这在东亚传统文化下很难得到理解,而被译为"民权"的 Droit civil 这个说法,在东亚文化语境下几乎也是没有观念根基的。于是在明治时期的日本,围绕这一译语的字义自始就有争议。当年江藤新平主持的民法编纂会在审议这一译语时,就曾经围绕"何以民有权"这一东方传统政治文化语境下闻所未闻的问题展开了一场激烈的争论。[①]

所幸的是,这个译词还是确定了下来。这是因为江藤新平最后裁断:"不杀不生,姑且置之。他日必有活用之时。"一语平息众议,终于在会上通过了此词。[②] 不仅如此,明治七年(1874)初,板垣退助等八位士族人士联名提出民选议院设立建议书,以此为契机,在日本触发了一场轰轰烈烈的思想文化运动,许多知识分子先后纷纷发表了民权论和人权论,此即日本近代史上著名的"自由民权运动"。

如前所述,"民权"一词在晚清中国也曾出现。清朝驻日使臣黄遵宪的《日本杂事诗》(1879),尤其是《日本国志》(写成于 1887 年)一书,介绍了日本当年的自由民权运动,且较为详细。其中卷一《国统志一》中即介绍到"近日民心渐染西法,竟有倡民权自由之说者"以及"请开国会而伸民权"的情况。[③] 但值得注意的是,《日本国志》一书是在甲午(1894)之后才在中国广泛流传的。而早在这之前,清朝驻英使臣郭嵩焘在《伦敦与巴黎日记》(1878)中即曾有"民权常重于君"之语。[④]

---

① 〔日〕穗积陈重:《法窗夜话》,曾玉婷、魏磊杰译,第 180—181 页。
② 同上书,第 180 页。
③ 黄遵宪:《日本国志》(上卷),天津人民出版社 2005 年版,第 36 页。
④ 郭嵩焘:《伦敦与巴黎日记》(卷十九),岳麓书社 1984 年版,第 576 页。

而作为近代中国启蒙思想家的严复和康有为、梁启超等人,则对"民权"概念在中国产生广泛影响发挥了更大作用。严复留学英国出身,一向不满从日本移植的"和制汉语",但在《天演论》《群己权界论》等译著以及《政治讲义》中,多次使用"民权"一词,并呈现了自己的民权观。① 其实,当他将 right 翻译为"民直"时,即相当于译为"民权"。至于康有为,其思想虽多立足于本土,但也曾自诩"倡民权第一人"。而其弟子梁启超通过在《时务报》中的撰文,对此词的传播同样居功甚伟。②

如此看来,当时的"民权"一语,虽主要是输入自日本,但也不能完全排除有中国本土的源流,至少对于晚清的许多论者而言是这样的。

也正因如此,加之从日本移植的"民权"一语的内涵难免在中国发生一定程度的变迁,为此,该词在晚清中国即具有多义性。根据沟口雄三教授的见解,中国的"民权"有别于日本的"民权",至少具有四种含义,即:对王权的反乱权、地方分权、作为集体国民权的民权以及作为生民权的民权。③

由此可见,晚清中国的"民权"概念,已具有某种政治性的偏向。无怪乎演化到孙中山的民权主义思想中,民权的概念就被限定于作为公共社会共同体成员的人民的政治权利,其中的"直接民权"包括四种参政权,即选举权、罢免权、创制权和复决权。

民权概念内涵的政治化,在近代日本亦然。时至今日,仍有日本学者认为"民权"一词有可能是一个长期被误解的概念。根据一种有力的

---

① 有关严复的民权观,具体的可参见俞荣根:《严复的民权观与自由观》,载黄瑞霖主编:《严复思想与中国现代化》,海峡文艺出版社 2008 年版,第 149 页以下。
② 有关康梁的民权观以及民权概念在中国的源流,论者甚多,其中中国宪法学界的有关研究,可参见褚宸舸:《中国近代民主观念脉络的再审视——兼论"民权"概念起源》,载《山东科技大学学报》(社会科学版)2017 年第 1 期。
③ 参见〔日〕沟口雄三:《中国民权思想的特色》,孙歌译,载夏勇编:《公法》(第一卷),第 1—22 页。

见解,该词已混杂了两种未被人们觉察的不同含义,以致自明治10年代自由民权运动处于高扬阶段开始,"民权"的"权"中,亦夹杂着"传来含义"和"翻译语的含义",前者是"力",而后者是right,而且"力"压倒了right。这一点与前述"权利"一词的缺陷何其相似乃尔。这导致"民权"往往被理解为与公共权力在本质上是相互对应等同的"权",比如倾向于民权家们所追求的参政权等政治上的"权",而人所应有的基本"权"利意义上的"权",则在一定意义上受到了忽视。这可能与日本幕府末期、明治初期西周等日本近代启蒙思想家将right首先侧重于在公法的含义上加以译介也不无干系。①

如前所述,作为译语的"民权"概念中的这些纰缪,几乎是"权利"一语的缺陷所折射的,但它既是"权利"一语的进阶概念,也是反过来理解"权利"概念之内蕴的一个镜鉴。因为在传统的东方政治文化语境下,要理解"权利"的概念,不免涉及"何以民有权"式的追问。从这个意义上说,"民权"也必然成为一个基础性的法政概念,并回应了近代中日启蒙时期的历史课题。

反观中国,晚清康梁学派对民权概念也做了独特的诠释,其中已经难能可贵地蕴含有了"人人自主主权"之意,只是到了革命派兴起之后,该语才趋于作为一种集体性的政治权利。

民权之说,在晚清思想界也受到了严厉的批判和抵制。张之洞是晚清时期比较开明的朝廷重臣,在一定程度上主张变法图强,甚至鼓吹通过日本的"东学"吸收西学,但在戊戌年(1898)所著的《劝学篇》中,则明确反对提倡民权,开设议院,认为"使民权之说一倡,愚民必喜,乱民必作。纪纲不行,大乱四起,倡此议者岂能独活?"张之洞反对民权的根本目的自然是为了维护清朝君主统治的政治秩序,但正如有学者指出

---

① 柳父章・前揭書第168-172ページ参照。

的那样,其另一层原因则是他认识到:民权不但将导致"民揽其权",而且还含有"人人有自主之权"的含义,此与中国传统的纲常名教的根本原理相抵触。张之洞坦言:

> 考外洋民权之说所由来,其意不过曰:国有议院,民间可以发公论,达众情而已;但欲民申其情,非欲民揽其权。译者变其文曰民权,误矣。……近日捃拾西说者甚至谓人人有自主之权,益为怪妄。此语出于彼教之书,其意言上帝予人以性灵,人人各有智虑聪明,皆可有为耳。译者竟释为人人有自主之权,尤大误矣。①

中国传统的纲常名教,是将人与人之间不平等的服从关系加以正当化的观念体系,以此建构并服务于整个专制统治秩序。可以想见,上述"人人有自主之权"的观念喷薄而出,正对其构成了严峻的挑战,由此产生出斑斓多彩的自由权利观念。从这里也可以得到一种有力的反证:在晚清中国所移植的"民权"一语中,已蕴含了作为权利观念核心内涵的"自主之权"这一部分内涵。

然而,从语义学角度分析,所谓"自主之权",至少也有三层含义:第一,其本身可构成一种权利内容;第二,它有利于促成权利主体形成自己的地位和享有权利的能力;第三,这种权利内容虽然是个人性的,但与个人作为公共社会成员所应有的品格具有最为密切的关系,由此进而支撑国家"富强"的价值取向。

由上述第二点和第三点也可以看出,民权概念最终被限缩性地演绎为集体性政治权利几乎是不可避免的,但这同时也折射出权利概念在近代中国独特的语境下所可能拥有的宿命,即参与形塑了这样一种法治观

---

① 张之洞:《劝学篇》。

念和制度的关系结构:相对于私法上的权利,公法上的权利居于优位;相对于消极权利,积极权利居于优位;而相对于权利本身,权力居于优位。

四、权利概念在中国的落定

被移植的概念在继受国的落定(日语言"定着"),是概念移植史上的一个重要环节,而其标志可能是该概念作为公用语,尤其是法规用语确定下来,也可能是在继受国形成了有重要影响的相关学说思想,使得该概念不至于被轻易推翻。如果以这个标准判断,从前文中可知,权利概念在日本的落定最早可追溯至明治初年;而在中国的落定,则大致发生在 1900—1911 年期间。而这个期间,也正是近代中国启蒙思想家梁启超在日本的影响下形成自己的自由权利观的时期。当然,1903 年"权利"一词被作为法规用语而写入清朝《公司律》可以认定为在中国落定的一个重要节点,但众所周知,该法令不久后便随着大清帝国的覆灭而失效,为此,考察梁启超有关权利思想的形成就具有特别的意义。

梁启超不仅是最早接触和传播"民权"概念的中国人之一,而且发表了数量可观的有关权利的文章,对权利概念在近代中国的移植居功甚伟。关键是,梁启超通过摄取以日本为媒介的西方思想而形成了一套具有思想个性的自由权利观。日本当代学者即明确指出,"梁的西方权利—自由论的摄取主要是通过日文译本以及日本人的论著这一'中介'(日本式的变形)进行的"。① 正是通过这种路径,梁启超形成了自己的自由权利观,并对自由权利概念在中国的引进、传播以及意义变迁

---

① 〔日〕土屋英雄:《梁启超的"西洋"摄取与权利—自由论》,载〔日〕狭间直树编:《梁启超·明治日本·西方》(修订版),社会科学文献出版社 2012 年版,第 113 页。但值得一提的是,正如实藤惠秀所指出的那样,梁启超也曾就"革命"等个别的日本词汇,提出过批评。〔日〕实藤惠秀:《中国人留学日本史》(修订译本),谭汝谦、林启彦译,第 247—249 页。

产生了重要的影响。从这个意义上说,梁启超自由权利观的形成,也构成了中日两国法政概念移植交流史的重要篇章,甚至可视为"权利"概念在中国社会得以落定的一个标志。

当然,梁启超的自由权利观也具有流动性,大略可分为几个不同的时期:早在戊戌变法时期,梁启超即开始关注和鼓吹"民权"。① 变法失败流亡日本(1898)之后,受到以日本为媒介的西方思想的影响,梁启超"思想为之一变",②形成了内容上更为崭新和丰富的自由权利观。其中初期,他对西方种种先进的自由权利思想"经过过滤、筛选后才加以摄取",经过这一过程之后,展开了民权救国论;而大致以 1902—1903 年为界,梁启超走向了更为保守的立场,表现为进一步偏重于国权优位主义,甚至被认为具有国家主义的倾向。③

梁启超亡命日本初期"思想为之一变"的面貌也体现在他有关自由权利的用语之多彩的盛况之上。除了"民权"(《立宪法议》1901 年)④这一过去曾使用过的概念之外,"权利"(《论权利思想》1902 年)一词自不必说,⑤"天赋人权"(《爱国论》1899 年),⑥"人民之权""人民自由权""个人之自由"(《论政府与人民之权限》1902 年)⑦等新用语也次第登场,蔚然满目。

彼时的梁启超对人类的自由权利也赋予了至高的评价,认为中国

---

① 参见〔日〕狭间直树编:《梁启超·明治日本·西方》(修订版),第 110 页。
② 梁启超:《饮冰室合集》(之二、文集之十一),第 18 页。
③ 有关概述可参见〔日〕狭间直树编:《梁启超·明治日本·西方》(修订版),第 110 页以下,尤其是第 111 页。但如下文所述,土屋英雄教授本身则对梁启超这个时期的思想倾向予以同情式的理解。有关梁启超对国家主义的理解,可参见梁启超:《国家主义之发达》,载梁启超著,汤志钧、汤仁泽编:《梁启超全集·第十四集·论著十四》,中国人民大学出版社 2018 年版,第 456—457 页。
④ 梁启超:《饮冰室合集》(之一、文集之五),第 1 页以下。
⑤ 梁启超:《饮冰室合集》(之六、专集之四),第 31 页以下。
⑥ 梁启超:《饮冰室合集》(之一、文集之三),第 65 页以下。
⑦ 梁启超:《饮冰室合集》(之二、文集之十),第 1 页以下。

积弱原因之一,便在于为政者"以民为家贼",为此钳制其自由所使然。① 实际上,"政府方日禁人民之互侵自由,而政府先自侵人民之自由,是政府自己蹈天下第一大罪恶。"② 梁启超认识到,"民权自由之义,放诸四海而准,俟诸百世而不惑"。③ 他明确指出:"自由者,权利之表征也。凡人所以为人者,有二大要件,一曰生命,二曰权利。二者缺一,时乃非人。"④ 梁启超还明确主张"欲君权之有限"和"欲官权之有限",均"不可不用民权",⑤ 由此可谓窥见了西欧立宪主义的真谛。

梁启超对自由权利的理解也有独特之处。尤其是他区分了"自由之俗"与"自由之德"这两个概念,认为在现实中,迄今为止的中国人已享有自由,比如"交通之自由,官吏不禁也。住居行动之自由,官吏不禁也。置管产业之自由,官吏不禁也。信教之自由,官吏不禁也。书信秘密之自由,官吏不禁也。集会言论之自由,官吏不禁也"。总之"凡各国宪法所定形式上之自由,几皆有之"。但他认为,这只是"有自由之俗,而无自由之德"。至于何谓"自由之俗"和"自由之德",梁启超并没有直接给出定义。在他看来,"自由之俗"是脆弱的,是因为"官吏不禁"才形成的,"而官吏之所以不禁者,亦非专重人权而不敢禁也。不过其政术拙劣,其事务废弛,无暇及此云耳"。而"自由之德"则与此不同,"非他人所能予夺,乃我自得之而自享之者也"。⑥ 也

---

① 梁启超:《中国积弱溯源论》,载梁启超著,汤志钧、汤仁泽编:《梁启超全集·第二集·论著二》,第 269 页。
② 梁启超:《论政府与人民之权限》,载梁启超著,汤志钧、汤仁泽编:《梁启超全集·第三集·论著三》,第 8 页。
③ 梁启超:《答某君问法国禁止民权自由之说》,载梁启超著,汤志钧、汤仁泽编:《梁启超全集·第四集·论著四》,第 120 页。
④ 梁启超:《饮冰室合集》(之一、文集之五),第 45 页。
⑤ 同上书,第 3 页。
⑥ 同上书,第 45—46 页。

就是说,在梁启超看来,那种"自由之俗"不是真自由,只是属于"野蛮之自由"或"奴隶之自由"的范畴,而只有人民亲自争取而来的、为此可以安享的那种"自由之德",才构成文明时代个人自由的实有形态。

然而,梁启超的自由权利观在诸多方面折射出东学的背景。如果从中日两国有关自由权利概念的移植交流史这个角度来看,这主要体现在以下三个方面。

第一方面是关于对权利的理解。

在此方面,梁启超主要受到了日本学人加藤弘之、德富苏峰等人的影响,并以日本为媒介,接受了德国学者耶林的影响。①

梁启超首次使用"权利"一词是在 1899 年刚刚流亡日本时期所写的文章中。在《论强权》一文里,他比较了"权力"和"权利"的关系,认为"强权"的意思就是"有力者的权利"。这不仅体现了前述的"权利"一语作为译词的固有缺陷,也显示了加藤弘之社会达尔文主义倾向的影响痕迹,其基本思路是:任何人都不是像理想主义者所认为的那样生来就享有权利,关键是看谁更为强大,为此我们"应该将注意力集中在无可置疑地表示'power'含义的'权力'上"。②

在 1902 年所写的《论权利思想》这篇较为集中体现他的权利观的力作之中,梁启超也认同将耶林的《为权利而斗争》译为《权利竞争论》,并指出,此书说的是:"权利之目的在和平,而达此目的之方法则不离战斗。……质而言之,则权利之生涯,竞争而已。"③这实际上还是从社会达尔文主义的角度理解权利的内涵。而且,在耶林那里,"权利"与"法律"二者之间密切相关,乃是"主观的 Recht"和"客观的

---

① 参见〔美〕安靖如:《人权与中国思想——一种跨文化的探索》,黄金荣、黄斌译,第 168—181 页。
② 参见同上书,第 168 页。
③ 梁启超:《饮冰室合集》(之六、专集之四),第 32 页。

Recht"之间的关系;而与此不同,梁启超则倾向于将"权利"建立在道德而非法律基础之上,用安靖如的话说,在此方面,"他容忍了诸多儒家的主题"。①

第二方面是关于自由权利的主体。

梁启超所理解的自由权利的主体形象,存在着被其称为"新民"的双重叠影:其中一重是作为民权或自由权利的主体,另一重又是作为国民国家之承担者的主体。这种自由权利主体在其思想构造中取得了个人的形象,而且受到了福泽谕吉有关"人民独立"的精神说的影响。②

但梁启超的自由权利之主体并不限于个人。与严复区分了"国群自由"和"小己自由"相似,梁启超也区分了"团体之自由"与"个人之自由"。他虽然承认"团体自由者,个人自由之积也",③但另一方面也强调:"自由云者,团体之自由,非个人之自由也。"④

梁启超也在一些方面上错误地理解了穆勒(也译作"密尔")。众所周知,穆勒在《自由论》中深刻地论述了"社会"(society)与"自由"(liberty)的对立,为此反复讨论"社会"与"个人"这个主题,论述前者对后者所可正当行使的权力的本质及界限,并提出了防止"社会性暴虐"(social tyranny)这一西方国家在民主化发展到一定程度之后自由主义所可能面对的重大课题。而梁启超显然没有理解这一西方新时代思想的深层内容,以致在其视野之中,这个重要概念消失了。正如日本的

---

① 参见〔美〕安靖如:《人权与中国思想——一种跨文化的探索》,黄金荣、黄斌译,第176—180页。
② 梁启超在《新民说》"论自尊"一文中,开宗明义便指出:"日本大教育家福泽谕吉之训学者也,标提'独立自尊'一语,以为德育最大纲领"。梁启超:《饮冰室合集》(之六、专集之四),第68页。有关福泽谕吉对梁启超的《新民说》的影响,可参见〔日〕狭间直树:《〈新民说〉略论》,载狭间直树编:《梁启超·明治日本·西方》(修订版),第62页以下。
③ 梁启超:《饮冰室合集》(之六、专集之四),第46页。
④ 同上书,第44页。

土屋英雄教授所指出的那样,穆勒的"社会"与"个人"这一结构,在梁启超那里被调换成为"政府"与"人民"。①

梁启超对穆勒《自由论》的理解之所以存在这样的缺陷,可能是因为他受到了当时日本的中村正直对穆勒《自由论》的译本——《自由之理》的影响所致。在中村的译本中,也不存在"社会性暴虐"的概念,穆勒的"社会"与"个人"这一结构,同样被换成了"政府"与"人民"。②

第三方面是关于民权与国权的关系。

流亡日本之后,梁启超在国权与民权之关系的层面上,认识到民权保障的后果论式的意义,即:在他看来,要想让国家值得人们去爱,就必须树立民权,并作为国家的内核。基于这一点,他提出了"民权兴则国权立,民权灭则国权亡"的论断。③

但面对当时中国深重的民族危机,梁启超逐步形成了一种以国家有机体学说为核心的国家主义思想。这主要又是因为他在当时的日本受到了伯伦知理(Bluntchli Johann Caspar,今又译布伦奇利,1808—1881)以国家有机体学说为基础的国家主义的影响。在《政治学大家伯伦知理之学说》一文中,他将这种思想概括为:"以国家自身为目的者,实国家目的之第一位,而各私人实为达此目的之器具也。"④

伯伦知理的国家学理论曾在明治早期的日本产生了相当有力的影响,但这种影响主要不是其中的自由主义立宪思想部分,而是国家建构方面,为此也在明治国家体制的确立上起到了非常重要的作用。时至梁启超流亡日本之时的19世纪末,伯伦知理的国家学说在日本的影响

---

① 〔日〕狭间直树编:《梁启超·明治日本·西方》(修订版),第123页。
② 当今中日双方均有持此观点的学者,只是日本的土屋英雄对此作了细致深入的分析,并提出审慎的观点。参见同上书,第110页以下。
③ 同上书,第67页。
④ 梁启超:《饮冰室合集》(之二、文集之十三),第88页。

已大为削弱,竟然达到"等同废品屑物"的地步。然而,梁启超未必清楚这一点,当他在日本接触到吾妻兵治所译的伯伦知理的《国家学》时,即为之倾倒,其中一个主要原因就是因为"对于开始从事国家建设的中国来说,成为日本之现实的国家脊梁的学说当然具有压倒性的存在感"。①

如前亦有所述,自1903年之后,梁启超的思想便明显出现了进一步偏重于国权优位主义的转向,而这种转向就是以伯伦知理国家学说中有关国家的生成理论为基础的。自此之后,梁启超更为强调国家的"有机之统一与有力之秩序"的重要性,坦言:"今世之识者,以为欲保护一国中人人之自由,不可不先保护一国之自由。苟国家之自由失,则国民之自由亦无所附",②并作出个人的"自由平等直其次耳"的论断。③

总之,面对民族的生存危机,梁启超的自由权利观是深具内在张力的,以致当今中国许多学者均认为他最终走上了国家主义的立场。对此,土屋英雄教授作出了同情性的理解。他分析了梁启超思想特质的持续性,认为1902—1903年前后梁启超的有关自由权利观只是由于摄取了西方思想而变得"更加富有选择性和多层次化"而已,并不等于思想变质了。④

至于这种更加"复杂化"和"多层次化"的思想结构为何,狭间直树教授似乎作出了饶有趣味的回答。他认为梁启超的思想结构总体上是"以个人为出发点,以国家之优位为归结"的,但其有关国权和民权论可

---

① 〔日〕狭间直树编:《梁启超·明治日本·西方》(修订版),第76—77页。有关伯伦知理对梁启超的影响,可参见狭间直树的这篇文章,见第62页,尤其第75页以下。中国学界对此的研究,可参见王晓范:《中日摄取伯伦知理国家有机体论之比较——以加藤弘之与梁启超为例》,载《华东师范大学学报》(哲学社会科学版)2011年第4期;王昆:《梁启超与伯伦知理国家学说》,载《中国国家博物馆馆刊》2013年第11期。
② 梁启超:《饮冰室合集》(之二、文集之十四),第30—31页。
③ 梁启超:《饮冰室合集》(之二、文集之十三),第69页。
④ 〔日〕狭间直树编:《梁启超·明治日本·西方》(修订版),第141页。

以说具有"两个轴心,正像椭圆有两个焦点一样",其中,从"国民"的观点展开时就倾向于民权主义,而从"国家"的观点展开时就倾向于国家主义。之所以如此,这可能又是受到福泽谕吉的影响,后者的民权观中也有"内则民权,外则国权"的构造,认为"于国内主张民权,实为对外国伸张国权也"。①

对于梁启超的自由权利观的理解,日本学者的上述论述是富有启迪意义的。作为置身于时代激流中的思想巨子,梁启超在自由权利观上难免拥有颇为复杂的思想内涵,而这种思想内涵本身又是在短时期之内通过快速摄取以日本为媒介的西方思想而形成的,为此,其内部的各种方面及要素是否得到体系化的梳理和整序,颇值得检讨。在后来的《清代学术概论》一书(1920)中,梁启超自己亦曾将当年在亡命日本期间对西方思想的摄取称为"'梁启超式'的输入",并予以痛切的自我批判:

> 日本每一新书出,译者动数家。新思想之输入,如火如荼矣,然皆所谓"梁启超式"的输入,无组织,无选择,本末不具,派别不明,惟以多为贵,而社会亦欢迎之。②

五、结语

以上通过对"权利"概念在近代中国移植史的考察,总体上印证了一个结论:近代中国权利概念移植史,在一定意义上也可谓是中日两国有关权利概念的移植交流史。换言之,其在近代中国的移植过程,经过

---

① 有关狭间直树的观点,参见〔日〕狭间直树编:《梁启超·明治日本·西方》(修订版),第 62 页以下,尤其第 77—78 页。
② 梁启超:《清代学术概论》,东方出版社 1996 年版,第 89 页。

了作为共同处于继受国地位上的中国和日本两国之间的对向往复、相互协作、彼此交流的复杂过程,汇成了一幅移植交流史的生动图景。

具体而言,以下几点值得重视。

第一,在中日两国的西方法政概念移植交流史上,颇多的法政用语均首先得益于日本对西方法概念的移译与创制,然后再流入中国,形成后者对西方法政用语的一种"转继受"。然而,也存在一些概念率先创生于中国、再为日本所引进的个案,更是进一步突显了中国一方在法政概念移植交流史上的主体性。"权利"一语就是这种典型标本。这一点已为当今部分中国学者所发现,但具体的历史细节和权威的文献依据值得考详。本文即在日本文献中找到许多日本学者均加认可的第一手日语文献依据。然而应该看到的是,近代日本几乎是在同时期输入"权利"概念的,而且对其理解更深,传播更广,此后甚至反过来促使了该词在中国的流行。

第二,通过研究也可以发现,"权利"这个译语的创生或确立,未必精准地传达了该概念在西方语言中的原意。这是由于权利概念的移译在东方国家并无完全相对应的、足够深厚的传统文化根基,这也导致"权利"概念作为译词也存在一些固有缺憾。中日两国双方的不少学者早已意识到这些缺憾,他们的反思也构成了这些概念移植交流史中的重要篇章。更有进者,相较于"权利",诸如"权理"等译词也已同时获得采用,或许后者才是那个时代更为适当的译词,但由于种种历史性的原因,这些用语最终没有确立自己的主流地位。这在很大程度上也成为"权利"等译词的原有内涵发生微妙变迁的内在原因,同时也对自由权利观乃至立宪主义思想在继受国的命运产生了深远的影响。但应该理解的是:由于东方传统文化中本来就没有完全相对应的观念基础,而又置身于西方冲击之下国家面临深重危机之际,在《万国公法》中移译 right 也好,透过穆勒的《自由论》理解 liberty 也罢,或许其本身就未必是这些概念移植上的最佳选择。

  第三,在近代中日两国对西方的权利概念的移植交流史上,梁启超扮演了重要的角色,其自由权利观的形成更可视为权利概念在近代中国得以落定的一个标志,构成了近代中日两国权利概念移植交流史上的重要篇章。但与"权利"一语可能率先创生于中国的历史事实形成对比的是,以梁启超为代表的近代中国人有关自由权利的先锋思想,反而是在作为"权利"一语双重继受国日本的具体影响下形成的,而且在时代上也已然大大落伍,从而使中国人注定要在总体上与自然法思想失之交臂,乃至沿着社会达尔文主义的路径而迈入国家主义的思想属地。另一方面,以"'梁启超式'的输入"为典型,由于这种以日本为媒介的"转继受"是通过快速摄取以日本为媒介的西方思想而形成,导致有关权利思想原有的精神内涵未必完全得到吟味、吸收与梳理,由此也可能造成一种无结构的"知识堆累"现象。再者,由于中国"转继受"的对象是在日本固有的社会文化中过滤了的东西,兼之日本的先试性实践及其成功印象而容易获得更多的信赖,但其原有内涵的传递也往往打了折扣,甚至有时也会在"转继受"的过程中产生了问题性的递增效应。凡此种种,都为近代以来中国的立宪主义打上了深刻的烙印。

第三章　人格尊严
人的尊严与人格尊严

一、问题之所在

把握甚或奠定整个中国宪法理论构架的础石，是中国宪法学在新时代所面临的一个重要课题。于此，根据笔者初步的认识，"人"在公法上的问题，应可理解为宪法学，包括中国宪法学的一个重大原初问题。[①] 有鉴于此，多年来笔者较为集中地关注"宪法上的人"之学理，并在此延长线之上，进而思考"人的尊严"这一主题。[②]

而在现代宪法的规范意义脉络之中，"人的尊严"是一个极为重要的概念。《联邦德国基本法》第1条第1款就明确规定："人的尊严不可侵犯。尊重和保护人的尊严是一切国家权力的义务。"德国联邦宪法法院也在多个宪法案件中认为：人的尊严是宪法秩序中的最高价值，是一切基本权利的基础与本源。[③] 德国学界亦将人的尊严定位为"最上位

[①] 我国法学界也有学者认为宪法学就是"人学"。这一论断虽然可能会因其颇为空泛而令人不尽苟同，但在极致的意义上也说明了这一点。有关宪法学是"人学"的见解，较为直接的可参见陈驰：《论宪法学的人学特色》，载《四川师范大学学报》（社会科学版）2006年第6期。

[②] 有关"宪法上的人"的主题，笔者曾以"公法上的人"为题做过一些思考，并自2006年开始，先后于浙江大学、香港城市大学、四川大学、清华大学等高校的研究生课堂或讲座中做过多次报告。

[③] 参见李忠夏：《终身自由刑案》，载张翔主编：《德国宪法案例选释（第1辑）：基本权利总论》，法律出版社2012年版，第190—191页。

之宪法原则"(oberstes Konstitutionsprinzip)、"宪法之基本要求"(Grundforderung der Verfassung)、"客观宪法之最高规范"(Oberste Norm des objektiven Verfassungsrechts)或"实质基本规范"(materiale Grundnorm)等。①《日本国宪法》第13条亦规定"全体国民都作为个人而受到尊重",借此,日本宪法学者也认为,人的尊严可誉为现代宪法的"核心价值",②人所享有的基本人权,即源自于人所固有的尊严。③美国宪法上没有人的尊严的相关条款,但在其宪法理论与实践中同样有"人的尊严"(human dignity)之观念。④此外,国际人权公约中亦有"人的固有的尊严"(the inherent dignity of the human person)之表述。⑤

然而,正如下文所述,中国现行宪法并无"人的尊严"这一用语,而是采用了"人格尊严"的表述(第38条)。非但如此,根据中国宪法学迄今的主流学说,"人格尊严"仅仅被理解为是一项个别性的权利,而非一种基础性的价值原理;更有甚者,这种个别性权利的内涵还仅仅被限定于狭小的范围,一般只包括名誉权、荣誉权、肖像权等具体的人格利益。⑥

---

① 参见李震山:《人性尊严与人权保障》(修订版),中国台北元照出版有限公司2001年版,第18—19页。

② 日本的芦部信喜教授就曾将其认定为是整个立宪主义宪法中的"核心价值"。芦部信喜『憲法学Ⅰ(憲法総論)』(東京・有斐閣、1992年)第46ページ参照。

③ 参见〔日〕芦部信喜:《宪法》(第六版),林来梵、凌维慈、龙绚丽译,清华大学出版社2018年版,第60—61页。

④ 比如1993年,美国联邦最高法院前大法官奥康娜(J.O.Connor)就曾在宾州限制堕胎案的多数意见中写道:"我们的法律提供了宪法保护,允许个人去决定婚姻、生育、避孕、家庭关系、抚养子女和教育。这些事务涉及人在一生中可能作出的最秘密和最私人性质的抉择;这些抉择对人的尊严、自主以及第14修正案所保护的自由具有中心意义。"转引自张千帆:《西方宪政体系(上册・美国宪法)》,中国政法大学出版社2004年版,第253页。在此文字略有修订。

⑤ See International Covenant on Civil and Political Rights, or International Covenant on Economic, Social and Cultural Rights.

⑥ 可参见许崇德编:《中国宪法》(修订本),中国人民大学出版社1996年版,第418页;董和平、韩大元、李树忠:《宪法学》,法律出版社2000年版,第393页;除此之外,此后的观点可参见胡锦光、韩大元:《中国宪法》,法律出版社2004年版,第273—275页。

所幸的是,在当今华人法学界,亦不乏有关"人的尊严"之研究。①但令人疑虑的是,由于中国现行宪法文本中仅有"人格尊严"之谓,而无"人的尊严"之说,为此,如何在中国宪法的语境中把握这两个概念,尤其是可否将中国宪法上的"人格尊严"理解为"人的尊严",以及可否将中国现行宪法中的"人格尊严"同样作为一种基础性的价值原理,也便构成理论上的一种挑战。

另一方面,有关上述这一论题,长期以来,中国法学界的许多相关研究多从抽象的理论层面加以探究,或多半止于外国法(主要是德国法)的介绍性研究,而结合有关宪法规范,尤其是中国现行宪法第 38 条的解释学分析,则往往受到了忽视。可以说,即便可以从基础性的价值原理的角度重新理解中国现行宪法上的"人格尊严",但如何对相关的条款(第 38 条)作出新的合理解释,曾一度成为我国宪法学界在宪法解释学上的一个悬念。②

有鉴于此,笔者曾于 2008 年发表《人的尊严与人格尊严——兼论中国宪法第 38 条的解释方案》一文,提出如下主要观点:我国现行宪法文本上虽然仅有"人格尊严"这一用语与条款,并似乎缺落了可以与诸多立宪国家宪法上的"人的尊严"又或"个人尊严"相提并论的基础性价

---

① 在中国台湾地区,有关"人的尊严"的研究成果颇丰。其中具有代表性的,可参见蔡维音:《德国基本法第一条"人性尊严"规定之探讨》,载(中国台湾地区)《宪政时代》第 18 卷第 1 期(1992);李震山:《人性尊严与人权保障》(修订版)。我国大陆学者也有若干研究成果,其中在 2008 年之前发表并值得关注者,可列举如下:李累:《宪法上"人的尊严"》,载《中山大学学报》(社会科学版)2002 年第 6 期;胡玉鸿:《"人的尊严"思想的法律意蕴》,载《江苏行政学院学报》2005 年第 4 期;侯宇:《论人性尊严的宪法保障》,载《河南省政法管理干部学院学报》2006 年第 2 期;等等。

② 我国宪法学界的部分中坚学者,其实也已开始关注并倾向于认同"人的尊严"作为宪法又或人权保障的基础性价值原理的问题,只是多从一般原理上加以论涉,而尚未结合我国现行宪法的规范,从中确定其规范依据。参见胡锦光、韩大元:《中国宪法》,第 272—273 页;莫纪宏编:《宪法学》,社会科学文献出版社 2004 年版,第 296—299 页。

值原理，但它们彼此之间在语义脉络上也存在着某种相通之处，尤其是与德国基本法中的那种以"人格主义"为哲学基础的"人的尊严"这一概念之间就存在着某种可互换的意义空间。正因如此，同时也基于对我国现行宪法第38条本身内部规范结构的规范分析，我们也可以对这一人格尊严条款作出一种新的、更为合理的解释，此即"人格尊严条款双重规范意义说"。这里所谓"双重规范意义"，是指从解释学的角度看，现行宪法第38条可理解为既蕴含了"人的尊严"的价值规范，又具有宪法上的一般人格权规范的性质；其中，该条所蕴含的"人的尊严"价值规范，也可视为宪法中基本权利规范乃至宪法自身的基础性、最高性的价值原理。①

上述拙文发表后，较大地刺激了中国宪法学界许多新锐学者对人的尊严与人格尊严问题的思考，以致在几年间相继涌现出了一大批相关的研究成果，其中也不乏对拙文的观点和解释方法进行商榷和批评的文章。②

本文将继续维持上文的基本框架和内容，尝试从比较宪法学的角度，通过对有关"人的尊严"的八个相类似或相近似的宪法（学）用语之意义的比照与澄清，考察"人的尊严"之宪法原理的具体内涵及思想根基，在此基础上进一步运用规范宪法学的方法，反观我国现行宪法第38条的"人格尊严"条款，力图对其提出一种具有填补意义的解释方案，其间亦尝试对各种针对笔者所提出的批评意见予以适当的回应。

---

① 参见林来梵：《人的尊严与人格尊严——兼论中国宪法第38条的解释方案》，载《浙江社会科学》2008年第3期。

② 主要有谢立斌：《中德比较宪法视野下的人格尊严——兼与林来梵教授商榷》，载《政法论坛》2010年第4期；李海平：《宪法上人的尊严的规范分析》，载《当代法学》2011年第6期。参见郑贤君：《宪法"人格尊严"条款的规范地位之辨》，载《中国法学》2012年第2期；王旭：《宪法上的尊严理论及其体系化》，载《法学研究》2016年第1期；王锴：《论宪法上的一般人格权及其对民法的影响》，载《中国法学》2017年第3期；王晖：《人之尊严的理念与制度化》，载《中国法学》2014年第4期；白斌：《宪法中的人格尊严规范及其体系地位》，载《财经法学》2019年第6期。

二、有关"人的尊严":八个用语的比较考察

作为"人格尊严"条款,中国现行宪法第38条的规定是:"中华人民共和国公民的人格尊严不受侵犯。禁止用任何方法对公民进行侮辱、诽谤和诬告陷害。"具有说服力的观点认为,这是中国现行宪法总结了"文化大革命"中大量发生侵犯和蹂躏人格尊严事件的惨痛历史教训,并参考了国外经验所作出的一项规定。①

然而,该条款中的"人格尊严"一语,在中国的文化语境下则是颇难界定的。它其实黏合了中文中的"人格"与"尊严"两个词语。② 从中国语文学的角度而言,其中的"人格"一词,在古代中文词源中寻觅,应为近代之后形成的中文词语,主要指的是一个人的道德品质或操守;而"尊严"一词在中文中则自古有之,但主要指的是"庄重肃穆、尊贵威严"之类的含义,③在现代汉语中仍有"可尊敬的身份或地位"之意。如此,"人格"与"尊严"在传统中文的语境中似乎并不具有普遍性,而是特定主体所拥有的特殊待遇。也正因如此,在我国宪法学界,针对"人格尊严"的含义,早期的一种颇具影响力的观点认为:"从道德上讲,人格尊严是指人的自尊心和自爱心,就是指作为一个正直、品质端正的人,都有他的自尊心和自爱心,不允许别人侮辱和诽谤。"④对"人格尊严"的这种解说性的语义理解,似乎同样只将其赋予了某些特定主体("正直、

---

① 对此,作为曾参加过现行宪法起草及制定工作的我国著名宪法学家,许崇德教授已有较为明确的记述。参见许崇德:《中华人民共和国宪法史》,福建人民出版社2003年版,第794—796页,尤其是第796页。

② 关于"人格"与"尊严"的概念史,可参见白斌:《宪法中的人格尊严规范及其体系地位》。

③ 如《荀子·致士》:"尊严而惮,可以为师";(宋)司马光《进〈孝经指解〉札子》:"体貌尊严,举止安重。"

④ 许崇德编:《中国宪法》(修订本),第418页。

品质端正的人")。这与中国现行宪法第 38 条人格尊严条款当初成立的历史背景,也颇为契合。如前所述,该条就是在反思了"文化大革命"期间部分公民群体或曰"特定公民"(主要是被认为享有特权的领导干部和一些高级知识分子)被侮辱、诽谤等事件频繁发生的惨痛历史教训之后特地加设的。①

考虑到第 38 条的文字表述,早期主流的宪法学者也从"人格"或"人格权"的角度解释"人格尊严"的内涵。如在最初,一部在当时具有权威地位,并在相当一段时期内产生了重大影响的宪法学教科书是如此解说的:"人格是指能够作为权利和义务主体的独立的资格。内容包括:人的姓名、人身、荣誉和肖像等。尊重人格,这是公民作为人的起码权利。"②另一部在此后同样也具有一定代表性的教科书赓续了类似的观点,并在解释"人格尊严"时称:"法律规定公民人格权的内容包括:姓名权、肖像权、名誉权和人身权。"③而较为晚近的一种颇为重要的观点,才明确地指出"人格的尊严是人格权的基础","其内容包括名誉权、姓名权、肖像权与人身权"。④

总之,上述这些不同时期的观点尽管有所不同,但大都注意到"人格尊严"与"人格权"这两个概念之间的密切联系,甚至存在直接将二者加以等同视之的倾向。如下所述,在这一点上,中国宪法学者的解释学

---

① 参见许崇德:《中华人民共和国宪法史》,第 794—796 页,尤其是第 796 页。
② 吴家麟编:《宪法学》,群众出版社 1983 年版,第 373 页。
③ 许崇德编:《中国宪法》(修订本),第 418 页。这似乎是参考了当时国内民法学界之有关观点的一种见解,但值得注意的是它并非指"人格尊严"而是"人格权"所包含的内容。值得一提的是,2001 年,最高人民法院在具有法效力的《关于确定民事侵权精神损害赔偿责任若干问题的解释》中,将民事上的"人格利益"分解为:(一)生命权、健康权、身体权;(二)姓名权、肖像权、名誉权、荣誉权;(三)人格尊严权、人身自由权。此外,还包括"隐私或者其他人格利益"。借此,中国民法上的"人格尊严权"与中国宪法上的"人格尊严"之内容构成的差异,一目了然。
④ 董和平、韩大元、李树忠:《宪法学》,第 393 页。

观点既不同于国外宪法学的主流观点,也不同于中国国内民法学的解释学观点。在此值得指出的是,这类观点很可能排除了将"人格尊严"作为中国宪法的一种基础性价值原理的可能,因为它已倾向于被限定性地理解为一项个别性权利。

于是,人们可以提出如下质疑,即:既然中国现行宪法第 38 条中的"人格尊严"可以理解为"人格权",那么这种"人格尊严"是否还包含,或应该包含了人作为人的隐私以及人的自主权等人们在现代生活中更加广泛,但这部宪法本身的其他条款中则无明定的其他重要的人格利益呢?而所有那些人格利益在宪法上得以保护的规范性基础又是何在呢?所有的这类追问,实际上将非常合理地触及一个重要的问题,即:中国现行宪法中的"人格尊严"之保护,是否可以作为一种更为上位的,或曰基础性的价值原理?这最终关系到究竟应该如何理解和确立本文开头所提及的中国现行宪法上的"人"的形象这个更为根本性的问题。

而要回答这类追问,仅仅一味地从类似于极端的、美国宪法理论和实践中所出现的"严格原旨主义"式的立场出发,去捕捉已近四十年之前立宪者的立法原意,或拘泥于迄今为止的主流学说对这个条款的过于保守的、其实也颇为生硬的限定性解释,显然是不可能的,而需要我们从更加广阔的规范脉络上对其做出新的、合理的理解。于此,从比较宪法的角度,对"人格尊严"这个用语的历史源流、思想基础以及具体内涵,做出全面的考察,就不失为一个有益的理论准备。

要完成这样的课业,笔者认为,自然有必要稽诸中国本身的宪法史迹,并参酌现代各国宪法条文、宪法判例以及宪法学说。在此过程之中,如果从用语着手,我们便会发现,其实就"人格尊严"这一概念而言,除了其自身的用语之外,仅在中文世界里(包括外文的中译用语),至少就尚有另外七个与其相类似或相近似的用语,可加以综合性的比较考察。此七个用语即：

(1)"人道尊严"
(2)"人的尊严"
(3)"人性尊严"
(4)"人类尊严"
(5)"个人尊严"
(6)"个人的尊重"
(7)"人格的尊重"

在上述这些用语中，"人道尊严"一语乃直接出自中华民国时期，最具本土性。有案可稽的是，中华民国第一部正式的宪法（1923）即在其简短的序言中写道"增进社会福利，拥护人道尊严"，并将其作为立宪的基本原则之一。① 如果进一步追溯，类似的表述还可在1913年《天坛宪草》的序言中找到更早的出处。② 然而，由于时代的变迁，同时也由于1923年民国宪法自身的不幸命运，③ 如今，这个用语不仅在中国宪法文本上没有得以传承，即便在学术研究中亦成为一个速朽的死语。

与此不同，"人的尊严"一词则来自国外，并在今日得到较为广泛的采用，其典型者首先可见诸德国基本法的条文（第1条第1款）及相关的宪法判例和学说之中。但值得指出的是，该用语的德文原文 die

---

① 该宪法序言写道："中华民国宪法会议为发扬国光，巩固国圉，增进社会福利，拥护人道尊严，制兹宪法宣布全国，永矢咸遵，垂之无极。"
② 《天坛宪草》序言中写道的是"增进社会之福利，拥护人道之尊严"。
③ 该部宪法史称"曹锟宪法"，公布后仅一年，即被另一个军事强人段祺瑞执政时期公布的《临时政府制》所推翻。

Würde des Menschen 一词,在中国台湾地区宪法学界则同时还被译为"人性尊严"与"人类尊严"。质言之,所谓"人的尊严""人性尊严"以及"人类尊严",均是同一个德国宪法(学)用语的不同中文译法而已。以上三种译语,都在不同程度流入中国大陆学界,尤其是"人性尊严"一语在最初最为常见。然而,窃以为,相较之下,die Würde des Menschen 的中文译法,以"人的尊严"为最佳,因为该译法颇能较好地传达 die Würde des Menschen 在德国既作为一种概括性的宪法原则,同时又被作为一项个别性基本权的原意;而"人性尊严"次之,因为这种中文译法仅能传达其作为一种抽象的哲学原理这一方面的意涵;而"人类尊严"的译法,则可能属于对日文的间接误译,而且其在中文的表意上也可能有欠斟酌。①

此外,除了德国基本法之外,意大利宪法在第 41 条第 2 款中也沿用了"人的尊严"(alla dignità umana)这一用语。而如前所述,环顾英语世界,国际人权公约中即有"人的固有的尊严"之表述,②美国宪法理论中同样也有"人的尊严"之说法。③

在此需要特别澄清的是,美国学者虽然使用"人的尊严"这一用语,但基于个人主义的政治道德哲学,其本意强调的乃是"个人的尊严"(individual dignity, the dignity of individuals)。④ 在这一点上,美

---

① "人类尊严"的译词,也有可能是参酌或转译自日本宪法学界对德语中 die Würde des Menschen 一词的日文翻译用语而来的。因为在日本,die Würde des Menschen 通常被译为"人間の尊厳",而日文的这一译词,既可译为"人的尊严",也较为容易被误译为中文的"人类(的)尊严"。留日出身的中国台湾地区宪法学者李鸿禧教授即曾在翻译芦部信喜《宪法》一书的初版中,将其译为"人类尊严"。参见〔日〕芦部信喜:《宪法》,李鸿禧译,台湾地区月旦出版社 1995 年版,第 60 页。

② See International Covenant on Civil and Political Rights, or International Covenant on Economic, Social and Cultural Rights.

③ 参见张千帆:《西方宪政体系(上册·美国宪法)》,第 253 页。

④ 当然,如前所述,《世界人权宣言》序言中也采用了"人类社会所有成员的固有的尊严"(the inherent dignity... of all members of the human family)这一表述。

国式的"人的尊严"或"个人尊严",其实有别于德国式的"人的尊严",因为后者并非完全出于个人主义的立场,而是含有人格主义的哲学底蕴。①

这种人格主义视角下的"人的尊严"观念,乃是在将人作为人格的存在之前提下,强调"人格"(Persönlichkeit)的尊严,而这种"人格"则被认为是在社会关系中形成与发展的。德国联邦宪法法院就曾在判例中明确指出:"基本法中的人之形象,并非一个孤立的绝对化的个人",而是在"共同社会"中受到社会关系约束的人。② 毋庸置疑,这种观念其实乃源自于康德哲学,其中的"人",即是那种在道德上自治并负有伦理责任的人。③ 易言之,这种"人",一方面并非国家作用的客体,其拥有"人格的自主性",并"以其自身为目的";而另一方面,借用德国宪法判例的经典表述而言,"作为不会丧失人格的人的尊严",正是存在于"人"作为"承担自我责任的人格"而得以获取的承认之中。④

对此,在比较宪法学颇为发达的日本,研究者也曾进一步指出:德国的"人的尊严"之中的这种"人",既非全体主义国家中单纯作为受命者而存在的"个人",亦非立足于"国家与市民社会"二元对抗式结构之上的那种"古典自由主义"意义上的独立自足的"个人",而是在与他人

---

① 关于德国公法上的人格主义,国内的专门研究尚不多见。较早关注的,姑且可参见林来梵:《从宪法规范到规范宪法:规范宪法学的一种前言》,商务印书馆 2017 年版,第 184—185 页。

② 初宿正典『憲法 II・基本権』(京都・成文堂、2001 年)第 126 ページ参照。

③ 有关康德哲学中的"人"及其有关思想在德国"人的尊严"这一概念之形成史上的重要意义,曾留学德国,并在日本任教的约姆帕尔特(José Llompart)教授在日本出版的颇具影响力的《人的尊严与国家权力》一书中曾有深入而又确当的分析。José Llompart「人間の尊厳と国家権力」(東京・成文堂、1990 年)第 58 ページ以下参照。

④ BverfGE 45,187,Urteil v.21.6.1977(德国联邦宪法法院第一法庭 1977 年 6 月 21 日判决,联邦宪法法院判例集第 45 卷第 187 页以下)。

共同生活中为了形成"亲自承担责任"的生活而拥有的一种"人格"。① 这就是所谓的"人格主义"。② 质言之,它既不同于西方其他国家(包括当今日本)的个人主义,又有别于那种与个人主义根本对立的全体主义(如历史上的纳粹主义)。我们大抵可以这样认为:如果说美国式的以个人主义为价值基础的"个人尊严",强调的是人作为"个人"而拥有"尊严"的话,那么,德国式的从人格主义哲学立场出发的"人的尊严",毋宁反过来强调的是个人因作为一般意义上的"人"而拥有"尊严"。③

受到美国的影响,战后的日本宪法也引入了"个人尊严"的观念,但在宪法条文上,作为体现了基础性价值的用语,则采用的是"个人的尊重"。这一用语可见诸该国宪法第 13 条中"所有国民,均作为个人而受尊重"的表述,但该宪法在其第 24 条有关婚姻、家庭、两性的条款之中,则采用了"个人的尊严"这一用语。④ 然而,根据日本宪法学界有力说的见解,所谓"个人的尊重"与"个人的尊严"在含义上并无二致。⑤ 有趣的是,长期以来,在当代具有代表性的日本学者虽然也承认日本现行宪法中的"个人的尊重"和"个人的尊严"均表达了个人主义的原理,却仍有不少学说将其与人格的理论,甚至与德国基本法第 1 条第 1 款中的"人的尊严"原理作关联性的或相同意义的解释;⑥日本最高法院也曾在判例中主张:日本现行宪法第 13 条"当然是宣明了个人的尊严与人格的尊重"。⑦

在此反观我国现行宪法第 38 条中所采用的"人格尊严"这一用语。

---

① 阪本昌成『憲法理論』(2)(東京・成文堂、1993 年)第 136 ページ以下。
② 同上、第 137 ページ。
③ 有关"人的尊严"与"个人尊严"的微妙区别,另可参见约姆帕尔特:《人的尊严与国家权力》,第 68—69 页,第 83 页等。
④ 该条第 2 款规定:"关于配偶的选择、财产权、继承、居住的选定、离婚以及婚姻与家庭等其它事项,法律必须基于个人的尊严与两性的实质平等而加以制定。"
⑤ 这种看法最初可见诸日本战后著名宪法学家宫泽俊义的学说。参见:初宿正典・前揭書第 126－127 ページ。
⑥ 参见〔日〕芦部信喜:《宪法》(第六版),林来梵、凌维慈、龙绚丽译,第 6、8、312 页。
⑦ 最大判昭和 23・3・24 裁判集刑 1 号 535 页。

首先，我们会发现，在当今具有代表性的外国宪法的相关条文之中，这个用语其实并不多见。在现行宪法起草之际，曾有一种见解认为战后的意大利宪法在其第 32 条与第 41 条中采用了"人格尊严"的用语，而且有可能正是这一观点影响了我国现行宪法文本在第 38 条中也选择了"人格尊严"这一表述。① 然而，战后意大利宪法第 32 条原文中相当于该用语的 dal rispetto della persona umana，实际上也可译为"人格的尊重"；②而第 41 条原文中所沿用的 alla dignità umana，实际上也未必可译为"人格尊严"，其实亦相当于德国式的"人的尊严"。也就是说，有可能影响了中国现行宪法第 38 条中"人格尊严"这一概念之形成的战后意大利宪法中的相关用语，其实与德国的"人的尊严"这一概念具有极大的亲缘关系。对此，我们可举出如下这一情形，作为一个重要的，并且是饶有趣味的佐证：前述的那种德国式人格主义的精神在德国基本法的文面上并没有直接得到明示性的具体表述，但却在意大利宪法第 2 条中得到了颇为明确的宣明。该条规定："共和国承认并保障作为个人的，且在作为其人格发展之场域的各种社会结合体中的人的不可侵犯的权利，同时要求其履行不得有悖于政治、经济以及社会性之连带的各种义务。"

综上所述，有关"人格尊严"，各国宪法所采用的类似或近似的用语

---

① 参见中国社会科学院法学研究所编：《宪法分解资料》，法律出版社 1982 年版，第三章《公民的基本权利和义务》，第 7 节《人格、尊严和荣誉不受侵犯》部分，第 190—193 页。

② 该词甚至也可被译为"人身的尊重"。在此抄录本条的意大利原文，以备大方之家一考：La Repubblica tutela la salute come fondamentale diritto dell'individuo e interesse della collettività, e garantisce cure gratuite agli indigenti.

Nessuno può essere obbligato a un determinato trattamento sanitario se non per disposizione di legge.

La legge non può in nessun caso violare i limiti imposti dal rispetto della persona umana.

中文可被译为：共和国保障作为个人基本权利和社会利益的健康权，并保障贫困者获得免费医疗。

非依法律有关规定，任何人不得被强迫接受特定的医学治疗。

在任何情况下，法律均不得侵犯基于人格（人身）的尊重所设定的各种限制。

虽有一些交叠或相通之处，但彼此之间也存在着微妙的差别，而我国宪法第38条中的"人格尊严"这一概念，则更是俨然有别于其它各国宪法所采用的相应用语，甚至可推断为有可能是出自对意大利宪法中有关近似用语的一种误译。

尽管如此，应该承认的是：无论是在（法）哲学还是在法教义学中，其实"人格尊严"这一概念本身也是仍然可以成立的。稽诸西方思想史，表达了"人格"一词的 Persona，原本具有哲学以及神学上的含义，乃源自经院哲学，在整个中世纪均通用于表明"具有理性之本性的个别实体"，为此既被用于指称天使，也被沿用于指称世俗的人。[①] 而托马斯·阿奎那则应是最早将"人格"与"尊严"直接联系起来的重要思想家，其精要的表述就是"人格即含有尊严"，甚至指出"人格可认为是尊严的名称"。[②] 时至近代，康德哲学就在继承这一传统观念的基础上，形成了这样一种思想，即：人是有理性的，能够作为伦理上自由的主体，不依存于必然规律而服膺于道德律（Sittengesetz），并具有承担责任的能力，为此具有"人格的尊严"，故谓"人是目的本身"。[③] 这种观点，也被称之为"人格尊严"理论。[④]

三、作为基础性价值原理的"人格尊严"

通过上文的比较考察与梳理，"人的尊严"以及其他各种相近似用

---

① 参见〔日〕星野英一：《私法中的人——以民法财产法为中心》，王闯译，载梁慧星编：《为权利而斗争》，中国法制出版社2000年版，第340—341页。
② 转引自约姆帕尔特：《人的尊严与国家权力》，第59页。
③ 有关这一点，也可参见同上，第43—44页，第58页以下。另外，关于康德的人格尊严理论，还可直接参见〔德〕康德：《道德形而上学原理》，苗力田译，上海世纪出版集团2005年版。
④ 关于"人的尊严"的历史与法理研究，包括康德的人格尊严理论，也可参见〔英〕迈克尔·罗森：《尊严：历史和意义》，石可译，法律出版社2015年版。

语的内涵,业已在相当大的程度上得到了澄清与梳理。在此过程中,我们也不难发现:无论是德国基本法、意大利宪法上的"人的尊严",还是美国宪法观念以及日本宪法中的"个人的尊严"或"个人的尊重",在更为直接的意义上,其实也是属于一种表明了人权保障之哲学立场、价值基础或逻辑起点的概念,为此一般也均运用于人权保障的原则性的概括条款之中。①

就采用了"人的尊严"的德国基本法而言,该法乃将"人的尊严"与"人格权"的保障分别规定在第 1 条第 1 款与第 2 条第 1 款之中。② 而该国主流的宪法理论和主导性的宪法判例虽然均认同二者共同处于由基本权利所形成的那种"客观的价值秩序"的核心地位,但前者构成了后者的基础。诚如我国台湾学者李震山所言,这种人的尊严乃"居于人权保障的核心"。③

根据德国法研究者的概括,围绕着"人的尊严"的含义,在解释学上已然确立了如下四个重要命题:(1)人的尊严乃是自由民主制度以及德国基本法的"最高价值"(der oberste Wert);(2)人因作为人格而拥有尊严;(3)所有的人权均立足于人作为人格所拥有的尊严这一基础之上;(4)德国基本法第 1 条、第 2 条保护的是人的人格性(Personhaftigkeit),但与第 2 条保障各个人的人格的自由发展不同,第 1 条所强调的与其说是个人,毋宁说正是这种人格性。④ 由此也可看出,人的尊严虽然也可定位为一项基本权利,但其在宪法上更倾向于是属于"基本权利体系之出发点",或是"最上位之宪法原则",用于指导与约束国家权

---

① 芦部信喜教授甚至将"个人的尊严"视同"人的人格不可侵犯",认定为其是整个立宪主义宪法的本质性价值,并与由此推断出来的人权与国民主权原理一道,构成了宪法的"根本规范"。芦部信喜『憲法学Ⅰ(憲法総論)』第 46 ページ以下参照。
② 德国基本法第 1 条第 1 款、第 2 条第 1 款。
③ 李震山:《人性尊严与人权保障》(修订版),第 3 页注 1。
④ 参见约姆帕尔特:《人的尊严与国家权力》,第 62 页。

力之运行。有别于此,德国基本法之中的人格权则被理解为直接体现了"人的尊严"之内在要求的一项个别性基本权,其主要内容具体包括有关个人一般私生活的权利以及隐私权、名誉权、肖像权及自我决定权等与人格价值有关的各种权利。

与此不同,我国现行宪法第 38 条中的"人格尊严",如果仅从规范的表象来看,则似乎难谓是一个体现了宪法的本质性价值或整个人权保障体系之基础性价值的概念,甚至也未像德国的"人的尊严"那样,可被视为处于宪法价值秩序或人权保障的核心地位之上。相反,在严格的意义上而言,它更容易被解释为一项个别性的权利,而与它最为近似的权利类型,就是宪法上的人格权。

之所以如是说,理由也是颇为充分的,主要有三。第一,从立法原意而言,如前亦有所述,我国现行宪法第 38 条乃是总结了"文化大革命"中大量发生肆意侵犯和蹂躏特定公民的名誉权、荣誉权、肖像权等人格利益事件的惨痛历史教训所作的一项补救性规定,但在规范的根本依据和价值基础上,似乎并未抽象并上升到某种可以与"个人主义""人格主义"之类的哲学原则并驾齐驱的层面;第二,也正因如此,在整个宪法权利规范体系的序列结构中,第 38 条乃被置于人身自由不受侵犯条款(第 37 条)之后、住宅不受侵犯条款(第 39 条)之前,而这种勾连结构的具体形态也意味着"人格尊严"可被倾向于理解为只是一项个别性的基本权利;第三,从现行宪法第 38 条本身的整体内容及性质来看,该条与德国基本法所揭橥的"人的尊严"之条款(第 1 条第 1 款)或日本宪法所宣明的"个人的尊重"之条款(第 13 条)判然有别,虽然其前段的"公民的人格尊严不受侵犯"也含有一般性规定的性质,但第 38 条整体并非是一个具有高度概括性的原则性条款。也正因如此,我国迄今的许多学说虽然也苦于探寻我国宪法又或其人权保障的基础性价值原理,但如前所述,一般均只好承认现行宪法第 38 条所规定的"人格尊严"只是一项个别性的权利。① 如此说来，我国现行宪法就缺落了类似于"人的尊严"这样一种基础性价值原理或基本权利体系之出发点。

有关这一点，我们必须承认，我国现行宪法文本可能存在一种立法技术上的不完美，最好有待于未来通过修宪加以圆满的解决。但在此之前，本着规范宪法学的开放性立场，即在理论上首先确认权利规范在整个宪法规范中的价值核心地位，其次进而追求宪法规范向"规范宪法"的升华这一点上，②从纯学理或比较宪法学的角度将"人格尊严"理解为基本权利规范体系的出发点乃至整部宪法的一项基础性价值原理，则未必属于妄说。

而如果鉴于法解释所可能具有的漏洞填补的功能，力图通过宪法解释来补正我国现行宪法第38条有关条款的规范内涵，则也可谓是一项次优的选择。当然，这种宪法解释应该是慎重的、周全的，就此，宪法学界已有颇为细致的讨论，③本文在此不赘，而仅就此项宪法解释中应持的方法论立场、解释学方案等较为重大的事项展开检讨。

就此，笔者认为：如果我们不刻意拘泥于那种极端的"严格原旨主义"式的解释立场，即仅仅只去寻求立宪者在过往的"立宪时刻"所抱持的那种心理学意义上的意旨，而是努力探求存在于该条文自身内部的合理的规范性内涵，俾与当今转型时代里业已变化发展了的社会实际乃至人权保障的国际化潮流相应合，那么，对上述我国现行宪法第38条的把握，确实也可获得新的、更为合理的解释方案。

窃以为，在第38条规范性语句本身的结构中，其实并非不存在可

---

① 可参见许崇德编：《中国宪法》（修订本），第418页；董和平、韩大元、李树忠：《宪法学》，第393页；除此之外，晚近的观点可参见胡锦光、韩大元：《中国宪法》，第273—275页。
② 林来梵：《从宪法规范到规范宪法：规范宪法学的一种前言》，第8页。
③ 参见谢立斌：《中德比较宪法视野下的人格尊严——兼与林来梵教授商榷》。

容纳新解释方案的回旋空间。如所周知,本条的规定颇为简约,全文为"中华人民共和国公民的人格尊严不受侵犯。禁止用任何方法对公民进行侮辱、诽谤和诬告陷害"。根据传统解释学的技术规则,该条虽然仅有一款,但可分为前段与后段两个部分。如若深入分析,便可发现,其中的前段与后段之间,其实存在了某种微妙的双重关系。第一重是颇为直观的直接勾连关系,即:前段是具有一般性的规定,后段则是以禁止性规定的形式对前段进行补充性的展开,使前段的抽象内容在解释学的框架里可得以具体的确定与理解。第二重则是往往容易被忽视的彼此相对独立关系,表现在前段可视为一个具有一定概括性的一般规定(类似于一般条款),而后者则可视为是以前者为基础的特别规定(类似于特别条款);前者是后者的基础,但后者只是对有关禁止性侵权行为类型的不完全列举,未已完全将前者的内容加以具体化。

以笔者之见,在上述双重关系之中,前后两段之间所存在的直接勾连关系自然是无可完全否定的,但如若重视第二重的相对独立关系,那么,前段的"公民的人格尊严不受侵犯"之规定,在一定程度上,亦可相对独立地视为相当于德国基本法第1条第1款前段中"人的尊严不可侵犯"或日本宪法第13条前段中"所有国民作为个人而受尊重"的那种原则性的概括条款,体现了整个人权保障体系的基础性价值。

如此说来,问题的关键就在于:我国现行宪法第38条中的"人格尊严",在规范性表述的语句形式上,是否可以容纳类似德国的"人的尊严"又或日本的"个人的尊重"之实质内涵的解释学空间。这就涉及原理性的问题了。

应该说,对此的答案是肯定的。诚如日本当代宪法学家初宿正典教授通过正反两方面的绵密分析之后所指出的那样,德国基本法中的

"人的尊严",其本意实际上也就是将人作为人格的存在而强调这种"人格"的尊严。① 也就是说,"人格尊严"实际上与"人的尊严"具有相通之处。而日本著名宪法学家佐藤幸治教授也曾更为明确地指出,日本宪法第 13 条有关"个人的尊重"的条款,其实就是宣明了"人格的尊严"或"个人的尊严"之原理。② 质言之,人格尊严与(个)人的尊严,在语义脉络上具有可互换的意义空间,主要指的都是人作为人(人格)而应受到尊重,而不应被作为非人(包括手段、动物等)对待。我国现行宪法第 38 条中的"人格尊严"条款,作为一种基础性价值原理,大抵也可从这个角度加以理解,其中的"人格"指的是"具有理性能力和责任能力的、权利义务的归属主体",而"尊严"则指的是一种"不可替代的最高的、绝对的价值性"。③

但针对上述观点,我国宪法学界聚讼纷纭。迄今为止,多数学者虽然认同现行宪法第 38 条具有双重规范意义,但不少人反对从该条中释出的"人的尊严"可在我国现行宪法中取得基础性、至高性的价值原理地位。究其理由,主要是认为现行宪法上有关条文次序的安排,使其尚不能认定为中国现行宪法上的最高价值。④ 对此,笔者认为:

第一,人格尊严或人的尊严,属于《世界人权宣言》中所言的"人类社会所有成员的固有的尊严"(the inherent dignity...of all members of the human family);像这样的为人所"固有"的内在价值,本身就处于超实定法的地位之上,或者说具有某种前宪法的属性,为此以实定宪法中是否存在相关条文以及该种条文的次序安排为依据来决定其本身

---

① 初宿正典教授甚至认为,日本的"个人的尊重"和"个人的尊严",也与德国的"人的尊严"概念之间存在相通之处。有关这些,均可参见:初宿正典・前揭书第 126 - 127 ページ。
② 佐藤幸治『憲法』(第三版)(青林書院、1995 年)第 444 ページ。
③ 参见白斌:《宪法中的人格尊严规范及其体系地位》。
④ 主要参见谢立斌:《中德比较宪法视野下的人格尊严——兼与林来梵教授商榷》。另参见李海平、郑贤君、王旭、王锴诸君的前引文。

的存否、内容及地位,乃是一种本末倒置的论证逻辑。正因如此,笔者在前文中才指出,从纯学理或比较宪法学的角度将"人格尊严"理解为基本权利规范体系的出发点乃至整部宪法的一项基础性价值原理,并非妄说。我国台湾地区宪法学者李震山教授也认为人的尊严是宪法秩序的基础以及基本权利的核心范畴,其中一个重要的理由就是:人性尊严具有自然法的意义,先于宪法而存在;宪法纵然规定它,也仅具有事后确认的性质。[①]

第二,即使在解释学层面上诠释"人格尊严"这样的条款时,有必要考虑其实定条文及其次序结构的安排,但除非我们甘于陷入那种极端的"严格原旨主义",也未必应该完全接受实定宪法条文及其体系结构的拘束。殊不知,所谓的严格原旨主义只是美国宪法诸多解释方法中的一种,而且是面临多种理论困境的一种。[②] 不言而喻的一个事实是:在当代中国,较之于其他立宪国家,要真正揭示立宪者参与制宪或修宪时的最初心理状态以及对每一条宪法条文规范性语句的主观意愿,似乎更为困难。

有鉴于此,只要不完全突破宪法规范性语句所表达的意义脉络的可能范围,宪法解释并不排除合理的意义重构。在这一点上,在许多国家和地区都有解释学实践的生动个案可以借镜。日本当今宪法学界代表性学者高桥和之教授的有关观点就值得瞩目。如前所述,日本现行宪法是在其第 13 条中宣明"所有国民,均作为个人而受尊重"的,而在作为个别性基本权利条款的第 24 条有关婚姻、家庭、两性的条款之中,才采用了"个人的尊严"这一用语。尽管如此,高桥和之教授超越了实

---

① 李震山:《基本权各论基础讲座(1)——人性尊严》,载(中国台湾地区)《法学讲座》2003 年 5 月刊。
② 可参见〔美〕索蒂里奥斯·巴伯、詹姆斯·弗莱明:《宪法解释的基本问题》,徐爽、宦盛奎译,北京大学出版社 2016 年版,第 104 页以下。

定条文及其结构的约束，仍然坚持认为，现代立宪主义的主流就是"以个人的尊严为基本价值"，并与人权尊重、国民主权、权力分立和法的统治等立宪主义宪法的基本原理相互关联而构成的。[①] 甚至在对日本国现行宪法有关基本人权的法教义学诠释中，高桥和之教授也同样超脱了条文次序体系，而将其整体结构理解为是由"个人的尊严"→"作为个人的尊重"→"幸福追求权"→"个别性人权"而展开的一个体系。[②] 我国台湾地区所谓"宪法"中也缺落了"人格尊严"条款，仅在"宪法增修条文"第 10 条第 6 项中规定了"'国家'应维护妇女之人格尊严，保障妇女之人身安全，消除性别歧视，促进两性地位之实质平等"。从其文义以及上下文意义脉络来看，该条旨在保护妇女权益，其适用范围颇为狭窄，既不具有德国基本法上人的尊严条款那样的根本规范地位，也不像《中华人民共和国宪法》上人格尊严条款那样属于普遍适用于所有公民的基本权利。但台湾地区宪法学者大多认同"人性尊严"具备宪法根本价值的地位，"司法院大法官会议"在其所谓释"宪"实务中也多次引入了"人性尊严"作为各项基本权利的基础，足见该概念被视为"自由民主宪政秩序的核心价值"。[③]

另外，在我国宪法学界，有学者不同意"人格尊严"规范可在我国宪法中取得基础性价值原理的地位，主要理由是认为其背后缺失相关的价值理念作为基础。[④] 这个见解值得尊重，但也可再加斟酌。且不说"文革"之后中国人的精神观念已开始发生巨大变化，即使在传统中国文化的语境之下，贞操、操守、气节乃至"面子"等在中国人的观念中具

---

① 高橋和之『立憲主義と日本国憲法』（第 3 版）（東京·有斐閣、2013 年）第 39 ページ。
② 同上、第 65 ページ。
③ 参见江玉林：《人性尊严的移植与混生——台湾"宪政秩序"的价值格局》，载（中国台湾地区）《月旦法学杂志》2016 年 8 月刊。
④ 参见郑贤君：《宪法"人格尊严"条款的规范地位之辨》。

有高度重要性的价值要素均折射了作为价值原理的"人格尊严"所固有的内涵特征,并附丽于个别性的人格尊严、名誉权、荣誉权、姓名权、肖像权以及隐私权等概念之上。尤其值得一提的是,"人格尊严"与传统中国人的"面子"观念就较为切近,后者既包括主体作为特定个体所受到的超出应有程度的尊重,也包括主体作为特定个体所受到的应有程度的尊重,后者即相当于"人格尊严"。

接下来的问题就是:既然我国现行宪法第 38 条中的"人格尊严",在规范性语句的形式上具备了可以容纳类似德国的"人的尊严"又或日本的"个人的尊重"之实质内涵的意义空间,那么,我们是否可以在"人格尊严"概念的理解之中借鉴"人的尊严"这种概念之中的价值理念。对此,答案也应是可以肯定的。笔者曾指出:如果说在建构或诠释我国宪法权利规范的核心原理时,可以借鉴一些国外的思想,那么前述德国的人格主义则较为适合,它甚至可借鉴以作为当代我国法秩序整体的哲学基础。[①] 这也是因为,基于"人格主义"这一思想的自身立场,德国基本法上的"人的尊严",其实与我国宪法上的"人格尊严"在规范意义上较为相通。更值得重视的是,德国的这种人格主义,其实并不排斥我国正统的政治社会意识形态,甚至还可容纳美国 90 年代之后沛然兴起的、以阿克曼(Bruce Ackerman)等人为代表的共和主义宪政观。[②]

当然,一旦下沉到解释学的层面,我们的确会遭遇到这样一个问题:在我国现行宪法整个权利规范体系的序列结构之中,毕竟存在了前述的双层勾连结构,即第 38 条与人身自由保障条款(第 37 条)和住宅

[①] 参见林来梵:《从宪法规范到规范宪法:规范宪法学的一种前言》,第 175 页。
[②] 凡此种种,均有待我们作出进一步的探究。有关阿克曼的共和主义理论,可着重参见:Bruce Ackerman, *We the People: Foundations*, Harvard University Press,1991。中文译本姑且可参见〔美〕布鲁斯·阿克曼:《我们人民:奠基》,汪庆华译,中国政法大学出版社 2013 年版。

不受侵犯条款(第 39 条)之间的勾连结构,以及第 38 条自身前后段之间的那种直接勾连结构。为此,将第 38 条前段的"人格尊严"条款,单独提升为可与德国基本法第 1 条第 1 款前段中"人的尊严不可侵犯"或日本宪法第 13 条前段中"所有国民作为个人而受尊重"的概括条款相提并论的地位上加以理解,究竟在解释学上是否可行就成为一个问题。

必须承认,现行宪法在权利规范序列结构上的这种安排,乃属于前文所言的那种立法技术上的不完美。但从解释学的立场而论,考虑到我国现行宪法整个权利规范体系的序列结构本来就存在着一定程度上的非规整性倾向,而从一般的理论上而言,作为政治决断之产物的宪法,其规范序列结构在某种程度上的非逻辑性,本身也就是立宪主义无法完全克服的一种宿命;其他典型的立宪国家或地区的宪法亦有将"人的尊严"或"个人的尊严"置于类似结构之中的情形。如前所述,日本现行宪法即在第 24 条中使用"个人的尊严"这一核心概念,但不妨碍主流宪法学者将其理解为宪法中的"根本规范的核心价值"。[①] 同理,将我国现行宪法第 38 条前段的"人格尊严"条款,理解为宣明了"宪法枢纽的基本原理"[②]或"人权保障的核心"之观念的基础性价值原理,在宽泛的意义上而言,似亦无不可。

四、作为个别性权利的"人格尊严"

尽管如上所述,我国现行宪法第 38 条前段有关"人格尊严"的规定,可相对独立地理解为一项体现了人权保障之价值基础的一般性准则,但这仅是该规定之规范属性的一个面向。而另一方面,从前述的各

[①] 〔日〕芦部信喜:《宪法》(第六版),林来梵、凌维慈、龙绚丽译,第 7 页。
[②] 德国联邦宪法法院在宪法判例中的用语。转引自胡锦光、韩大元:《中国宪法》,第 273 页。

种理由视之,尤其是从第 38 条前后段之间的直接勾连关系来看,该条的规定,同时还可理解为是确认了作为一项个别性权利的人格尊严的条款,其中的后段则是以禁止性规定的形式,对这一权利进行补充性的展开和不完全的列举。而这项个别性的基本权利,乃相当于宪法上的人格权。

综观中外法学迄今的主流理论,人格权作为一个具有历史性的概括性权利,乃有广狭两义之分。广义的人格权,被视为广泛地包括了生命、身体、贞操、名誉、信用、姓名、肖像、隐私权、自我决定权等这样的与私生活密切相关的各种权利。现代日本宪法学家芦部信喜就曾指出,对于各个人的人格具有本质意义的生命、身体、健康、精神、自由、姓名、名誉、肖像以及生活等有关利益的整体,均被广泛地称为人格权。[①] 而狭义的人格权的定义,虽因受到各国不同的实定规范之约束而呈多歧状况,但一般主要指的是包括了姓名权、名誉权、荣誉权、肖像权以及隐私权、自我决定权等与人格价值具有密切关系的权利。无需赘言,从我国现行宪法第 38 条规定的内容来看,尤其是从其后段的禁止性规定加以反向推演,该条所确认的人格尊严,作为一项个别性权利,似乎应可理解为狭义的人格权。

然而,究竟这种狭义的人格权所包括的具体内容有哪些呢?基于前述第 38 条前后段之间的双重关系,这也相应需要从两方面加以把握。

第一,基于第 38 条前后段之间的直接勾连关系,我们可从后段的禁止性规定中去反向推演人格尊严的内容。但由于后段只是列举了有关特定的侵犯行为类型,即只是规定了"禁止用任何方法对公民进行侮辱、诽谤和诬告陷害",为此,其所对应的应受保障之人格利益,也就主

[①] 参见〔日〕芦部信喜:《宪法》(第六版),林来梵、凌维慈、龙绚丽译,第 95 页。

要只限定于姓名权、肖像权、名誉权与荣誉权等通常的数项人格权利。如前所述,我国迄今的主流学说,除个别观点例外,基本上也只认同此种范围。① 但值得指出的是,这几乎仅是"人格尊严"最低限度的内容。

第二,如果我们从第38条前后段之间的相对独立关系出发,将二者视为一般规定("一般法")与特别规定("特别法")的关系,而且考虑到宣明了基础性价值原理的第38条前段在整个人权保障体系之中所兼具的原则性条款的规范性质,那么对第38条中"人格尊严"之内容的理解,则可以不完全拘泥于该条后段的限定,而是同时可相对独立地从前段的规定之中直接推演出其所可能包括的各种具体内容。

当然,这并不等于可把人格尊严视为一项宽泛无边的个别性权利。因为,除了特定的政治经济文化等社会背景的约束之外,这种扩大解释在宪法价值秩序内部也仍然需要规范意义上的"客观"依据,为此也存在着解释学意义上的守备范围。以吾人之见,这一依据就是基于前述人格主义的立场,个人应享有作为人而在人格意义上所不可或缺的权利这一原理。与此相应,人格尊严的内容,从最为宽泛的意义而言,也就应理解为包括了对于各个人的人格具有本质意义的生命、身体、健康、精神、自由、尊严、自尊、姓名、名誉、肖像以及私生活等有关利益的整体。如此而论,第38条所保障的人格尊严,就接近于前述的广义的人格权了。然而,由于我国现行宪法第37条中的人身自由已经包含了这一广义的人格权中有关身体的权利,所以,最后确定第38条中的人格尊严之内容的范围,必须对此进行排除。

通过如此界说,第38条中的"人格尊严"之内容的范围大致已臻于清晰,惟其中所包含的"自由"则需略加说明。

---

① 当然,晚近也有学说已开始尝试对"人格尊严"进行扩大解释,只是尚未完全展开。其中最值得关注者,乃韩大元教授在姓名权、肖像权、名誉权以及荣誉权之外,将隐私权也纳入"人格尊严的基本内容"的观点。参见胡锦光,韩大元:《中国宪法》,第274—275页。

从宪法原理而言,此处的"自由",自然并非指的是一般自由权,亦不完全等同于诸如美国宪法上"正当法律程序"条款中的那种"自由"(liberty),①而是指与人格的自律之形成与发展具有本质意义的自由,如自我决定的自由(在宪法学上通常被称为"自我决定权"或"人格自律权")以及具有人格利益的一般行为自由等等。在此需要说明的是,自我决定权也可被理解为包含了隐私权,或与隐私权的概念互相交叉。在美国宪法的理论及实务中,其所谓的隐私权即是如此。而所谓的"一般行为自由",则指的是人在诸如着装、饮酒、跳舞、健身、吸烟、讨厌吸烟(厌烟)、恋爱、在校园里接吻等通常行为上的自由。这种自由虽然亦伴随着内在的界限,但从理论上而言,亦可受到宪法的保护,只是从严格的意义而论,宪法所保护的一般行为自由,同样仅限于那些个人作为人在人格的自律之形成与发展上具有本质意义的行为的自由。

另外值得指出的是,在理解我国宪法第 38 条中的人格尊严之解释学意义上的守备范围时,外国宪法理论中的"一般人格权"概念亦具有较大的镜鉴意义。我国现行宪法第 38 条中所保护的作为个别性权利的人格尊严,就可理解为一般人格权,即一种以"兜底"的形式包罗了现行宪法未明确列举,但应受保障的各种人格利益。而第 38 条后段则相当于是以禁止性规范的形式,对姓名权、肖像权、名誉权、荣誉权等数项较为通常的具体人格权进行一种非明示性的不完全列举。

德国宪法判例及宪法学说就曾将基本法第 2 条第 1 款中所言的

---

① 该条规定,任何州不得非经正当法律程序而剥夺任何人的生命、自由和财产。这就是所谓的正当法律程序条款。其中的"自由"是一个宽泛的概念,为此就给权利类型推定提供了规范依据和语义空间,现代美国宪法上的所谓避孕权、堕胎自由、同性恋者的自由等各种隐私权以及安乐死的权利等等,许多新型权利都是通过对这一概念的解释而推定出来的。

"以人格的自由发展为目的的权利"理解为是以"人的尊严"(基本法第1条第1款)为基础的"一般人格权",①它自然不包括基本法第2条第2款中所规定的生命、身体不受侵害的权利以及人身自由,但其内容也颇为丰富。如在 1980 年的艾普拉案中,德国联邦宪法法院就曾重复强调了过去业已指出过的观点,即必须从第 1 条第 1 款所言的"人的尊严"的角度出发理解第 2 条第 1 款中的一般人格权,并明确判示,其所包括的具体法益主要有以下几个方面:②

1.私人领域、私隐领域以及个人私密领域;
2.个人的名誉;
3.对有关个人记述的处分权;
4.对有关个人肖像、特定语言的权利;
5.免受被歪曲捏造地加以描述的权利。

由于受到实定宪法规范的约束,我国现行宪法第 38 条前段的人格尊严所涵盖的范围,则未必可理解为与此完全均等,但由上可知,即使在解释学意义上的守备范围之内,现代宪法上的人格权之内容也已有了新的发展。对此,当代德国著名法学家阿列克西(Robert Alexy)的观点值得参考。他认为,按照德国联邦宪法法院的解释,亦可认为一般人格权不仅保护个人"做"(does)什么,而且保护其"事实上和法律上是"(factually and legally is)什么。③

---

① 阪本昌成・前揭書第 243 ページ。
② 参见:BverGE 54,148,Beschluβ v.3.6.1980(德国联邦宪法法院第一法庭 1980 年 6 月 3 日决定,联邦宪法法院判例集第 54 卷第 148 页以下)。
③ See Robert Alexy, *A Theory of Constitutional Right*, trans. by Julian Rivers, Oxford University Press, 2002, p.225.

五、结语

总之,由于我国现行宪法文本上仅有"人格尊严"这一用语与条款,而没有与德国基本法上的"人的尊严"相提并论的"最上位之宪法原则"或"基本权利体系的出发点",宪法理论上也不存在像美国宪法中的那种"个人尊严"的基本观念,加之迄今的主流学说一向对第38条人格尊严条款加以较为严格的限定解释,使得我国现行宪法俨然缺落了一个可以体现宪法之基础性价值或整个人权保障体系之出发点的概念与原理。这不得不谓兹事体大矣!

圆满解决这个问题的根本出路是通过宪法修正来达成的。但从纯学理或比较宪法学的角度将"人格尊严"理解为基本权利规范体系的出发点乃至整部宪法的一项基础性价值原理,则是必要的。此外,在目前的情形下,如果将宪法解释学运用到极致,也可以为补正这一点提供一种解释方案。

这是由于,尽管西方各国有关"人的尊严"或"个人尊严"有着种种不同的表述,但我国现行宪法文本中的"人格尊严"这一用语,其实与其诸种近似的用语在语义结构上也存在着某种相通之处,尤其是与德国基本法中的那种以"人格主义"为基础的"人的尊严"这一概念之间,并非完全不存在某种可互换的意义空间。

如果考虑到这一点,同时基于对现行宪法第38条本身内部规范结构的规范分析,我们也可以尝试对我国现行宪法第38条人格尊严条款作出一种新的、更为合理的解释,从而实现其规范意义的合理重构。而这种解释方案的要点如下:

第一,该条前段"中华人民共和国公民的人格尊严不受侵犯"一句,可理解为是一个相对独立的规范性语句,表达了类似于"人的尊严"这样的具有重要性的价值原理,作为我国宪法上基本权利体系的支点,或基础性的宪法价值原理。

第二,该条后段"禁止用任何方法对公民进行侮辱、诽谤和诬告陷害",同时又与上述的前段共同构成了一个整体的规范性语句,结合成为一项个别性权利的保障条款,而这项权利乃相当于宪法上的人格权,其所包含的具体范围大抵可确定在国际学术界所厘定的人格权的狭广两义之间;而在有关规范意义的关联结构中,这种人格权也可理解为宪法上的一般人格权。

上述这一解释方案,姑且可简称之为"人格尊严条款双重规范意义说"。

第四章　财产权

针对国家享有的财产权[1]

一、问题的提出：为了一次研究程序上的倒退

德国学者 K.茨威格特（Konrad Zweigert）和 H.克茨（Hein Kötz）曾经在《比较法总论》一书中专辟一章论述了"社会主义法系的所有权"。他们认为，"社会主义法系"的所有权和契约制度，在"马克思列宁主义的意识形态环境下"具有特殊的内容和意义，为此构成了"社会主义法系中最具有典型性的制度"。[2] 孟浪地说，从当今国际法律发展的最新趋势来看，茨威格特和克茨当时把社会主义法系的所有权制度直接界定为其比较法理论体系中一个独立有效的比较项的做法，似乎在无意间留下了对旧时代的某种反讽意味。[3] 在那部比较法学的鸿著中，茨威格特和克茨虽然只是集中讨论了苏联的所有权制度，但苏联所有权制度在传统社会主义法系中的典范意义，业已随着这一国家的解

---

[1] 本文原以同题发表于《法商研究》2003年第1期。在此略有修订。
[2] 参见〔德〕K.茨威格特、H.克茨：《比较法总论》，潘汉典等译，贵州人民出版社1992年版，第574—589页。
[3] 当然，茨威格特和克茨自身最后也曾指出，尽管我们决不应该忽略社会主义与资本主义在"所有制"上的巨大差异，但我们还是有理由提出这样的问题：这种差异在过去的数十年间是否已经大大减少，而且在未来的岁月里是否还要继续减弱下去。参见同上书，第586页。

体而成为明日黄花。

而反观我国,经济体制改革和社会主义市场经济建设已经取得了举世瞩目的成就。随着社会主义市场经济体制的逐渐形成以及融入世界经济秩序的客观形势的发展,人们不断强劲地诉求对财产权实行宪法上的保障。在此背景下,2004 年我国通过修改现行宪法,在最高法律规范之中确立和完善了私有财产权的保障机制,这具有极为重要的时代意义。①

尽管如此,像茨威格特和克茨那样,把所有权制度作为比较法学视野下的一个比较项,仍然没有完全失去意义。日本的比较法学家大木雅夫曾经指出,茨威格特期待的是"法律制度的比较",即通过微观比较建立"比较普遍法学",而仅仅把法圈论作为实现这一目标的框架,置于辅助性的位置。② 如果从这种立场出发,那么上述的做法仍然无可厚非。进言之,比较法的研究并非仅仅拘泥于法律制度中的相异之处,有时也需要探究比较项之间的相同之处。更何况,在现行的财产权保障机制上,作为社会主义国家的我国与西方各国之间仍然存在重大差异,而我们恰恰在历史的歧路上面临着相关的改革与立法的课题。有关这一点,大木雅夫的以下论述颇堪吟味:"比较法以确认各国法律间的异同为出发点。然而,现代的比较法已不再满足于单纯以认识为目的的、

---

① 应当承认,在宽泛的意义上,我国 1982 年宪法原本也具有一定限度的财产权保障的规范内容。然而,从社会主义市场经济实践的内在要求来看,现行宪法的那些规范内容存在着严肃的宪法解释理论所难以克服的障碍,更遑论宪法解释在我国宪法实践中长期处于相对滞后的状况,为此乃有修宪的成果。有关财产权研究方面的著述,当年不仅见之于法学界,更见之于经济学界、政治学界和社会学界。仅以法学界而言,直接提出宪法学意义上的财产权概念并建议通过宪法对私有财产权加以保障的,较早的可见之于胡锦光:《中国宪法问题研究》,新华出版社 1998 年版,第 166 页以下;继有林来梵:《论私人财产权的宪法保障》,载《法学》1999 年第 3 期,赵世义:《论财产权的宪法保障与制约》,载《法学评论》1999 年第 3 期;随后有刘剑文、杨汉平编:《私有财产法律保护》,法律出版社 2000 年版,第 152 页以下。

② 参见〔日〕大木雅夫:《比较法》,范愉译,法律出版社 1999 年版,第 72、115 页。

对本国法的注释和对各种外国法的罗列,而开始追求以法的改革为行动目标。也就是力图通过对外国法的批判性研究所析出的共同要素发现'共同法',并以此作为改革的指针。"①

本文不想就所有权或财产权制度的整体做一个比较法意义上的综合考察。事实上,就财产权的宪法保障问题,笔者早已尝试过从具体的比较法角度进行分析,力图阐明财产权保障的宪法意义,考察其在宪法发展中的演进历程,评析现代世界各国财产权保障的宪法规范结构和有关法理,并探讨我国现行宪法在财产权保障上的问题以及解决这些问题的契机,最后甚至还在此基础上斗胆地为当年的修宪提出过一份个人有关财产权保障宪法条文的建议案。② 后来发现,在我国法学界,就这种实定制度分析所需首先解决的若干重要前提性问题,很可能需要首先得到厘清。

有鉴于此,本文试图实施一次研究程序上的倒退,即在以往个人有关研究成果的基础上,通过兼采比较法研究的方法,追溯到一些有关立宪主义与财产权制度的基本原理上去,以期厘清财产权概念的核心意涵。

二、针对国家享有的财产权——防御权概念的提出

首先应指出的是,财产权乃是一个极为宽泛的权利概念。日本宪法学者阪本昌成曾把它定义为"对财产的法的利益",而其所指的"财产"则是"满足人的各种各样欲求的有形无形的手段"。③ 而根据财产

---

① 参见〔日〕大木雅夫:《比较法》,范愉译,第72、115页。
② 参见林来梵:《论私人财产权的宪法保障》;林来梵:《从宪法规范到规范宪法:规范宪法学的一种前言》,第226—227页。
③ 阪本昌成『憲法理論』(3)(東京・成文堂、1995年)第245ページ、第249ページ、第249ページ参照。

权研究专家 A.赖恩（Alan Ryan）的说法，诺齐克对"正义授与论"（entitlement theory of justice）的辩护以及对民主政治体制、社会正义和福利国家的抨击，均基于把一切权利都视为财产权的分析。[1] 这些见解均可能存在定义过宽的问题，[2]但也从一个侧面说明了现代财产权概念结构的扩散倾向。应该看到，传统"财产权"概念的核心乃是所有权，为此，近代宪法中的财产权概念，基本上指的就是财产所有权，如1789年法国《人权宣言》第17条中所宣明的"神圣不可侵犯的权利"，也正是"财产所有权"（droit de propriété）。[3] 而所谓的所有权，在大陆法系民法上通常被理解为仅是物权的一种形态，指的是对物的全面的、一般性的支配权，包括对所有物的占有权、使用权、收益权和处分权。[4] 然而，随着社会经济的发展，现代民法和宪法均已在所有权概念的基础上推演出更为广泛的财产权概念。从其内容上看，该概念仍以所有权为核心，但已远远超出了所有权的范畴。它不仅包括物权，也包括债权、知识产权、继承权等传统私法上所拟制的权利，同时还包括具有财产权性质的公物使用权（如国有土地使用权、水利权），甚至许多外国学者认为，它还包括契约自由。[5] 在此，如果我们非要一个定义不可的

---

[1] See Alan Ryan, *Property*, University of Minnesota Press, 1987, p.2. 诺齐克的有关分析，参见：Robert Nozick, *Anarchy, State and Utopia*, Blackwell, Oxford, 1974, pp.158ff。

[2] 阪本昌成的定义不能排除当权力或爱情之类的东西成为"手段"的情形下是否也属于财产的诘问；至于诺齐克的言述，诚如 A.赖恩所言，这是否可看作是对权利所作的合理的一般性解释，尚存疑虑。Alan Ryan, *Property*, p.2.

[3] 从法律用语的语言现象上看，两者在英语中本无其差异。然而在德语中，"财产权"为 Vermögensrechte，"所有权"则为 Eigentum；而在法语中，"财产权"为 droits des patrimoines，"所有权"则为 propriété。

[4] 有关民法上的所有权概念的论述，可参见梁慧星、陈华彬：《物权法》，法律出版社1997年版，第102—113页。

[5] 财产权的保障，不仅意味着财产权不可侵犯，而且还意味着对这种权利的行使不能受到干涉。从后者这种意义上说，外国许多学者认为：财产权之中包含了这种权利的主体自由处分的支配权，其中有合同的自由。绵贯芳源＝高原贤治编『憲法25講』（東京・有斐閣、1974年）第161ページ参照；阪本昌成・前掲書第245ページ。

话,那么可以说,所谓财产权,就是一切具有财产价值的权利。

当然,从比较法的角度来看,不同的法系、不同的国家,其财产权的具体构成均也可能存在一些差异。有学者曾指出:大陆法系的法律以所有权概念为基础来分析财产权,而英美法系则几乎找不到一个完整的所有权概念;①大陆法系宣称"一物一权",而在英美法系中,一物(如土地)则可能同时存在几种不同的所有权。② 此外,与许多国家不同,数百年来英国的法律一直把人对其佣人(servants)的权利视为财产法(property law)调整的一个旁支,甚至把"夫妇之爱"(conjugal affection)也作为男人财产的一部分。在其看来,男人并不拥有妻子,但他可独自享有"她的服务的专权"(monopoly of her services)。③

然而,不管人们对财产权的定义存在何种差异,其所指涉的财产权的本质还是具有一定共性的。比如,我们可以发现,即使是那种人对物之关系意义上的财产权,也并不单纯只表现为人对物的关系。但凡人对财产的支配,仅仅形成人对财产的关系,而只有当人们对特定财产的支配可以排斥任何外人或某种社会力量的干涉时,才构成了作为权利的财产权。而人们对特定财产进行支配的这种排他性,其实就属于一种人与人之间的关系。为此,从马克思主义法学的观点来看,财产权一方面反映了人与财产之间的关系,另一方面又反映了人与人之间的关系。诚如日本已故的法社会学家川岛武宜所言:"所有权是映现在人与物之间关系的侧面上的人与人之间的关系。"④

在现今的大多数国家里,财产权不仅属于民法上的用语,而且属于

---

① 所有权一词虽然也偶尔出现在英美的判例、法律以及其他法律文献中,但正如英美法专家 J.科利贝特(John Cribbet)所言:有趣的事实是我们可以不提到所有权而讨论财产权的法律问题。参见李进之等:《美国财产法》,法律出版社 1999 年版,第 8 页。
② 参见同上书,第 1 页。
③ See Alan Ryan, *Property*, p.2, p.20.
④ 川岛武宜『所有権の理論』(東京・岩波書店、1949 年) 第 7 ページ。

宪法上的概念。所谓财产权制度，基本上就是由民法上的财产权制度与宪法上的财产权制度或财产权保护机制构成的。而从上述的论述中也可看出：宪法学中的财产权与民法学中的财产权在主要客体以及基本性质上并无甚大差异。既然如此，那么二者之间的实质性区别何在呢？这是一个至关重要的问题。有关这一点，曾几何时我国学界中的许多界说似乎尚不得要领，以致出现了一些理论上的混乱。由于在2004年修宪之前我国实际上就已经存在一定规模的民法意义上的财产权保护制度，而且随着此后《物权法》的制定，这种民法意义上的财产权保护的规范体系正不断趋于完善，直至不久前《民法典》编纂的大功告成。但这种状况在实践上也可能导致这样的负面影响：要么忽视了财产权之宪法保护这一课题本身的独立存在及其重大意义，要么把通过修宪完成这一课题的意义单纯理解为是对民法上的财产权制度的一种确认或政治性的宣明，从而继续滞留于宪法乃是一部"纲领性文件"的传统见地之上。①

其实，如果详加探究，我们可以析出宪法上的财产权与民法上的财产权的许多迥异之处。但若举其荦荦大端者，可首推如下一点，即：宪法上的财产权乃属于一种基本权利，与宪法上的其他基本权利一样，均是公民（或私主体）针对国家而享有的一种权利，而且是公民（或私主体）所享有的、为国家权力所不能不当侵害的一种权利，直接地反映了公民与国家权力之间在宪法秩序中的关系；而民法上的财产权则主要属于公民对抗公民或私人对抗私人的一种权利，由此形成了作为平等主体的私人之间的财产关系。由此可知，宪法上的财产权与民法上的

---

① 一般而言，许多法律尤其是像宪法这样高度抽象简约的规范体系，其中可能存在一些"纲领性条款"(Program Clause)，如宪法中所规定的有关社会权的条款即然。各国宪法学的通说倾向于认为，社会权并非具体权利，而属于抽象权利，即作为其享有主体的当事人基本上无法依据宪法上的有关条款直接向法院提出司法救济的权利。然而，将整部宪法或基本上将宪法视为或措定为"纲领性文件"的见解，则体现了自斯大林以后的传统社会主义宪法理论的一种观念。

财产权的区别,既不在于财产权的客体,也不在于财产权的主体,而在于反映在同一客体上的不同主体之间的关系。上述川岛武宜所言的"映现在人与物之间关系的侧面上的人与人之间的关系"的那个命题,即道出了这一道理。

在此须进一步澄清的是:在某些特定的情形下,民法意义上的财产关系也存在于国家与私人之间。这一点在英美法中体现得特别明显,因为在那里,公共机关与私人之间的财产关系,与纯粹私人之间的财产关系一样,均可通过相同的财产法(property law)来调整。那么,这种私人与国家之间的财产关系,是否就属于宪法上的财产权关系呢?

窃以为:在市场经济条件下,任何的市场主体在法律上都可以以私人的资格出现,即任何的市场主体也都可以成为私有财产权的主体。换言之,财产权的主体既包括以私人资格出现的个人与私人团体,也包括诸如作为民事法律关系中的当事人一方的国家或公共团体。然而,当国家或公共团体以纯粹市场主体的资格与私人形成该种关系时,其本身尚不直接属于宪法上的财产权关系,而属于民法意义上的财产权关系。在英美法中,这种关系直接由普通的财产法来调整,即说明了这一点。

民法上的财产权与宪法上的财产权的区别,说明了一个重要的原理性问题:作为针对国家的一种权利,宪法上的财产权乃属于一种特殊的"防御权",即公民(或私人)对国家权力(或公权力)所可能加诸的不当侵害作出防御,并在实际侵害发生的场合下可得救济的一种权利。

三、作为一种防御权的构造

在各国早期的宪法文件中,财产权保护的条款就反映了财产权的防御性质。较有典范性的是法国1789年的《人权宣言》,其第17条把财产权宣称为是"一项神圣不可侵犯的权利"(un droit inviolable et sacré),同时就紧接着规定:"除非当合法认定的公共需要所显然必需时,且在事先的正当补偿的条件下,任何人的财产均不得受到剥夺"。正像人们所熟悉的那样,法国1789年《人权宣言》中的这个有关财产权"神圣不可侵犯"的经典表述,成为一句有力的口号,在此后广为传颂,对世界各国尤其是欧洲诸多大陆法系国家产生过深远的影响,甚至至今还仍然回响在我国21世纪修宪的急切吁求之中。然而,从纯粹的法规范科学的立场上看,对财产权加以"神圣不可侵犯"的这种价值判断,只是一种道德上和哲学上的思想表述,是近代自然法思想的一种话语(discourse)。就法国1789年《人权宣言》第17条而言,如果没有后续的征用补偿条款,所谓财产权"神圣不可侵犯"的断言,也许只能成为一句真正法国式的浪漫空话。

更为显见的是,与西方其他主要立宪主义国家不同,美国宪法甚至没有直接专门明文规定保护财产权,其财产权在宪法上主要是间接地通过正当程序条款(第5条修正案、第14条修正案)、征用条款(第5条修正案)以及契约条款(宪法第1条第10节第1款)予以保障的。其中第5条修正案(1791)规定:"没有依据正当的程序,任何人的生命、自由或财产均不得受到剥夺。而没有正当的补偿,私有财产不得为基于公用所征收。"这就是第5条修正案中的所谓的正当程序条款和征用条款,二者在结构上紧密勾连,彼此结合。第5条修正案保护的是个人针对联邦政府的权利,而不包括个人针对州政府的权利。1868年的第14条修正案沿袭了第5条修正案中的正当程序条款,规定"任何州没有依据正当程序,均不得剥夺人的生命、自由和财产",但却没有设置征用条款。在此后的司法实践中,第14条修正案中的正当程序条款通过宪法解释所阐释出来的财产权保护内涵,实际上也是一种征用限制。在美国的宪法历史上,正当程序条款对广泛的经济活动中的自由实体的保护,一直发挥着重要的作用。但在 19 世纪末以前,其一直是主要针对民刑诉讼程序、行政程序而发生效力的,而其后则逐渐超越了程序要求的作用,发展出"实体性正当程序"的理论,以保障那些宪法没有明文规定的权利,其中包括财产权。① 在此值得注意的是,正当程序条款本来源自于英国近世自由大宪章中的国法(Law of the Land)规定,旨在针对国王权力而保障权利,为此在美国宪政历史上,该条款也被理解为是为了针对政府的权力而保障一定的自然权。②

近代以来各国宪法对财产权的保障,与对契约自由的法律保障彼此配合,共同作用,打破了封建主义的经济桎梏,奠定了近代自由国家、市民社会以及市场经济的法律秩序的基础,从而大大地促进了社会生产力的发展,并对人类文明的发展起到了一定的进步作用。然而,随着自由资本主义的发展,毫无限制的市场经济不可避免地衍生了资本的垄断以及贫富的两极分化。近代以来的劳工运动以及共产主义运动因此应运而生。1917 年俄国社会主义革命在政治上取得了胜利,废除了资本主义的私有制度,逐步实行了生产资料公有制度,与此同时,在以生活资料为主要对象的有限范围内保留了私有财产权的法律制度。此后成立的东欧、中国等社会主义国家也大致如此。这些都是为我们所熟知的历史情形,在此不加赘述。

另一方面,为了克服自身的制度缺陷,在进入 20 世纪之后,许多传统的资本主义国家也先后或多或少地采行社会改良主义的方式,企图在维持资本主义私有制的前提下,相对限制私有财产权,强调公共福利,从而实现了从近代自由国家向现代社会国家的转型。1919 年德国《魏玛宪法》第 153 条第 3 款规定:"财产权伴随着义务。其行使必须同时有益于

---

① 有关美国宪法正当程序的理论以及其历史发展的资料整理和分析,可参见:松井茂记『アメリカ憲法入門』(第 2 版)(東京・有斐閣、1992 年)第 237 - 257ページ。

② 同上、第 241ページ参照。

公共的福利",此乃具有现代意义的财产权宪法保障制度的嚆矢。

关于财产权的宪法保护规范在这个转型过程中所发生的一些重要变化,笔者曾在过去的比较研究中分析总结过:这种嬗变主要表现在去除了近代财产权的神圣性、绝对性,确认了财产权的内在界限以及公共福利与社会政策对财产权的制约作用。[①] 各国宪法对私有财产权的限制条款也就是国家对私有财产权可以正当侵入的范围,这其实也从反面使财产权作为针对国家的一种权利的性质更为突出。当然,在这种"针对国家"的格局下,财产权处于"防御国家的不正当侵犯"与"国家可予正当侵入"的二律背反之中,而消解这一现代性的矛盾,主要则有赖于各国近代宪法中已经预备的征收征用补偿条款。征收征用补偿条款规定国家根据公共需要对私有财产进行征收征用时必须予以适当补偿,这协调了私有财产权与国家权力之间的紧张关系。

上述历史性变化在当今许多国家的成文宪法中都有所反映,其在法规范上表现为,财产权保障的宪法规范体系大致由不可侵犯条款(或保障条款)、制约条款(或限制条款)和征收征用补偿条款(或损失补偿条款)等三个条款形成一个复杂的三重结构。这三个条款各自具有特定的内涵和功能。其中,第一层的不可侵犯条款确定了现代财产权保障制度的一般前提;第二层的制约条款则最能体现宪法上财产权制度的现代变迁,旨在对财产权的保障加诸一种适当的限定;而第三层的征收征用补偿条款进而对财产权的制约进行制衡,从而既维护了不可侵犯条款所确立的前提规范,又为制约条款在整个规范内部提供了恰到好处的缓冲机制。这三个条款逐层展开、环环相扣、相辅相成,形成一个深具内在张力,然而又是相对严密、相对自足的复合结构。建立于这种复合结构之上的现代财产权宪法保障规范体系,恰好发展为一种具

---

① 参见林来梵:《论私人财产权的宪法保障》。

有逻辑意义上的正反合关系的三段式规范体系。① 我国 2004 年修宪后所确立的私有财产权宪法保障条款（现行宪法第 13 条）也在大抵上体现了这种复合结构。② 显然，在该种结构中，由于存在了制约条款，所以财产权宪法保障的实际功能，便进一步地被落实到了征收征用补偿条款之上。与此相应，在法教义学以及实务领域，有关征收征用补偿的问题，自然也成为各国财产权宪法保护问题的焦点。③

四、防御权的意味和意义

当我们说宪法上的财产权乃属于一种针对国家的"防御权"的时候，还须明确的是，在各国的宪法秩序中，并非只有该权利才具有这一性质，而是许多宪法权利均属于"防御权"。在各国的近代宪法中，宪法权利主要是以"自由"（freedom, liberty）的面目出现的，主要包括人身自由、经济自由和精神自由，概称"三大自由"。在这个权利体系中，

---

① 当然，这里所谓的肯定、否定、否定之否定或"正题、反题、合题"的三段式结构，并非完全等同于唯物辩证法中的三段式原理，而仅仅是对规范内在结构的一种认知模式或建构模式。

② 2004 年修宪后，我国现行宪法第 13 条规定如下：

公民的合法的私有财产不受侵犯。
国家依照法律规定保护公民的私有财产权和继承权。
国家为了公共利益的需要，可以依照法律规定对公民的私有财产实行征收或者征用并给予补偿。

其中的第 1 款和第 2 款相当于保障条款，第 3 款相当于制约条款和征收征用补偿条款。

③ 这方面的资料可谓汗牛充栋，不胜枚举，姑且参见各国的宪法判例。在那里我们可以看出，涉及宪法财产权的大多判例均是围绕征收征用补偿问题的。在日本，征收征用补偿问题也成为研究的重点，许多财产权方面的著名学者以此为专题，写下专著。如：今村成和『損失補償制度の研究』（東京・有斐閣、1968 年）；高原賢治『財産権と損失補償』（東京・有斐閣、1978 年）。

经济自由乃构成了其轴心，而它又具体包括财产权、择业自由等多项权利，甚至包括迁徙自由和契约自由。这里所谓的"近代宪法"，是日本的樋口阳一教授在其《比较宪法》中重点采用的一个概念，主要指的是近代西方各国市民革命时期确立的宪法，与自由国家转型之后的现代宪法相对称。樋口阳一比较宪法学的一个特点就是突出了历史的方法，提出了"宪法现象的历史类型学"的概念和分析框架。根据他的看法，17世纪中叶的英国、18世纪末叶的法国以及19世纪中叶的德国之间的宪法现象，具有一定的近似性，均体现了近代宪法的典型特征。[①]

从这一视角出发我们可以发现，各国的近代宪法所确立的上述三大自由，均含有所谓防御权的性质。如果仍以西方各国为轴心来看的话，随着各国的近代宪法向现代宪法的转型，其各自的人权体系也相应发生了结构性的嬗变，在传统的三大自由之外，还出现了一个新的宪法权利，即所谓的社会权。对此，日本当代法理学家田中成明教授曾概括地指出：在现代的各国宪法中，虽然人权保障的法制度呈现出不同的形态，但"自由权性质的基本权与社会权性质的基本权"构成了两个支柱。[②] 然而应注意的是，在这种新的结构中，传统的三大自由权并没有被否定，而是继续居于重要的地位。与此不同，各种具体类型的社会权基本上被定位为抽象权利，大多被置于实定宪法内的各种纲领性条款之中。

纵观近现代，在各国宪法权利体系的结构中较为独特的是参政权，即我们所说的政治权利。在各国的近代宪法上，严格意义的参政权其实受到了诸种限制，较之于三大自由权并不十分重要，只是到了现代普选

[①] 樋口陽一『比較憲法』（修訂第三版）（東京・青林書院、1992年）第30ページ以下参照。

[②] 田中成明『法理学講義』（東京・有斐閣、1994年）第163－164ページ、第163ページ参照。

制确立以后,该权利的内涵和功能才得以扩大。正如田中成明教授所看到的那样,无论是美国诸州的各种"人权法案"还是法国近代的《人权宣言》,均旨在禁止来自国家权力的恣意干涉和歧视措施,为此遂以自由权性质的基本权利为核心,而以"平等的参政权"作为其背后的支撑。① 包括财产权在内,传统自由权之作为防御权的性质,亦由此可见其真章。

这里需要交代的是,本文所用的防御权概念其实来自于德国的公法理论,广为判例和学者所采用。1958 年,联邦德国联邦宪法法院在"吕特事件案"的判决中曾首次明确地阐述了所谓基本权条款的"第三者效力"说,②但同时仍然不忘提及这个学说的前置性原理,即:"基本权利主要是人民对抗国家的防御权(Abwehrrechte)"。③ 当代德国具有代表性的公法学家 K.黑塞(Konrad Hesse)也曾经指出:"作为人与公民之权利的基本权,首先是对国家权力的防御权。针对国家权力对个人宪法上之地位的不当侵害,这些权利使个人凭借法的手段所进行的防御成为可能。之所以在自由的宪法秩序中这种防御权仍属必要,这乃是因为:纵然是民主制度,也是人对人的统治,隐含着权力滥用的危险,而且即使在法治国家中,国家权力仍有做出不法行为的可能。"④

像"防御权"这样的概括性用语,鲜见于英美法系国家,但这些国家对传统立宪主义精神下的权利性质的主流认识,与采用"防御权"概念

---

① 田中成明・前揭書第 163-164 ページ、第 163 ページ。

② 所谓"第三者效力",在德语中称之为 Drittwirkung,英译为 third-party effect。有关第三者效力理论,可参见陈新民:《德国公法学基础理论》(上),山东人民出版社 2001 年版,第 287 页以下;另从比较法的角度考察,可参见林来梵:《从宪法规范到规范宪法:规范宪法学的一种前言》,第 109 页以下。

③ 该份判例指出:"基本权利主要是人民对抗国家的防御权(Abwehrrechte),但在《基本法》的各个基本权利规定中也体现了一种客观的价值秩序(Wertordnung),被视为宪法上的基本决定,有效地适用于各个法律领域。"参见德国联邦宪法法院第一法庭 1958 年 1 月 15 日判决,联邦宪法法院判例集第 7 卷第 198 页以下。

④ Konrad Hesse『連邦ドイツ憲法綱要』阿部照哉訳(東京・日本評論社、1983年)第 147 ページ。

的国家仍然一致。当代美国著名政治学家 K.罗文斯坦（Karl Loewenstein）对宪法上的权利即曾经做出如下论断："基本法不得不对个人自律的领域即个人的诸权利与基本自由做出明示的确认，同时也不得不针对某个特定的权力持有者或整体的权力持有者所可能施行的侵犯而对此种领域做出保护性的规定。这一原理之所以在立宪主义展开过程的初期就已得到认识，乃因其表达出了立宪主义所蕴含的那种特殊的自由主义目的。与权力的分割和限制的原则相呼应，一般的政治权力所不能侵入的这个领域，正是实质宪法的核心。"[1]

那么，具体化到财产权这样一个个别性的自由权，其作为防御权的意义何在呢？换言之，在各国立宪主义的传统中，财产权何以被作为一种针对国家权力的防御权呢？

笔者以为，这至少有以下两个理由。

第一，财产权与人格尊严之间具有密不可分的意义关联。一般来说，在奴隶社会、封建社会以及各种具有前近代性质的政治经济制度下，由于真正意义上的私有财产权没有得到保障，为此必然在不同程度上产生人身依附关系。近代以来的各国宪法确立了财产权的保障制度，从而为人的精神自由、机会平等、自助自主的生存以及政治参与在一定程度上提供了各种契机。

近代以来各国宪法同时也保障人格的尊严和自由，从而使财产权的保障在整个宪法的人权保障体系中居于十分重要的地位。这也是由于，在近代以来的财产权法律观念中，财产权或曰私有财产权往往被视为"支撑人的个别性的必要条件"，[2]或曰人格形成的主要契机。可以说，财产权的保障，为人们提供了独立人格发展所不可或缺的物质前

---

[1] Karl Loewenstein『現代憲法論』（新訂）阿部照哉その他訳（東京・有信堂、1986 年）第154ページ。

[2] 阪本昌成・前掲書第245ページ、第249ページ。

提。这是黑格尔经典所有权学说以来的通说。① 这一学说可以还原为一个朴素的思想,即"我之成为我固有(proper)的条件,他者不能剥夺"。② 诚如日本的阪本昌成把它看作是一种"抵抗的思想"那样,③正是这一思想在近代的立宪主义中发展成为限制国家权力恣意干涉的意识形态。为此在不同的时代,许多国家和地区有关财产权的法律思想中都存在着把这种财产权与人格尊严联系起来认识的观念。连我国台湾地区所谓"司法院大法官会议"在释"宪"实务中都曾多次提出:"中华民国宪法"第15条规定人民财产权应予保障,旨在确保个人依财产之存续状态行使其自由使用、收益及处分之权能,并免于遭受公权力或第三人之侵害,俾能实现个人自由、发展人格及维护尊严。④

第二,财产权的宪法保护还可促成"价值权威性分配"(authoritative, allocation of values)合理结构的形成,而经济财富本身就可成为政治权力滥用的一种抑制力。对此,弗里德曼有一个广为引用的分析结论,即当财富为众多的所有者所分享的时候,独立行动的各个所有者就难以对特定个人的命运和自由进行独断性的决定,为此,从比较政治的观点而言,个人的经济自由得到广泛保障的国家,一般也存

---

① 黑格尔认为:所有权之所以合乎理性,并不在于满足人们的物质需要,而在于扬弃人格的纯粹主观性。人惟有存在于所有权中才是作为理性而存在的。在他看来,"我作为自由意志在占有中成为我自己的对象,从而我初次成为现实的意志,这一方面则构成占有的真实而合法的因素,即构成所有权的规定。"参见〔德〕黑格尔:《法哲学原理》,范扬、张企泰译,商务印书馆1996年版,第50—80页。此外,有关财产权与人格的理论极具批判性的分析,可参见:Alan Ryan, *Property*, pp.70ff.

② 所以财产权人格理论的代表E.迪尔凯姆(E.Durkheim)就曾经指出,有关财产权的问题,传统的功利主义理解是不能解释这样一种现象的,即:我们对财产权受到侵害时所产生的一种受辱之感,因为某种类似于"尊严"的东西与财产权是密切相连的。See Emile Durkheim, *Professional Ethics and Civic Morals*, Routledge & Kegan Paul, London, 1957, pp. 161ff.

③ 转引自:阪本昌成・前揭書第250ページ。

④ 参见所谓"司法院"释字第400号、第709号、第672号、第732号解释。

在相对广泛的政治自由。①

五、余论：回望中国

以上我们主要比较分析了财产权在西方几个主要立宪国家中的相位，其与文端所提及的茨威格特和克茨集中讨论苏联所有权制度的做法，恰好南辕北辙。然而，从比较法学的角度而言，如果传统的资本主义法系和社会主义法系这种划分还有意义的话，那么，在苏联所有权制度失去了在社会主义法系中的典范意义的当今，尤其是在社会主义法系的语境下反过来考察资本主义法系中的财产权宪法保护制度，则自然仍具有比较法学上的价值；反之，如果上述两个法系的划分正在不断趋于困难的话，那么，回望中国的财产权宪法保护机制的问题，便同样重要。

当然，在我们切入中国的有关状况之际，至少必须明确两个相关的问题。在此提及，以作余论。

首先是关于承认私有财产权是否正当的道德问题（moral problem）。在中国，没有这样的观念准备，曾经所有的修宪期待也许就难以成为现实，尽管当年许多有识之士认为修宪的必要性实际上已经客观地存在于时代的背景之中。然而，在这里人们至少曾遭遇到双重的困难：一是在社会主义法律制度中引入私有财产权宪法保护机制的困难；另一则是"市民社会"未成熟所带来的困难。赖恩曾着重分析过四种对私有财产权制度进行道德辩护的理论，甚至还追溯到古典的市民德行（civil virtue）理论。② 关于财产与德行，这是一个有关"政治发展

---

① See Alan Ryan, *Property*, pp.8ff.
② 四种对私有财产权制度进行道德辩护的理论乃涉及功利与财产（Utility and Property）、天赋人权和天赋的所有者（Natural Rights and Natural Owners）、人格与财产（Personality and Property）以及财产与自由（Property and Liberty），其实就是功利主义、天赋人权学说、财产权人格理论以及自由主义理论。Alan Ryan, *Property*, pp.53ff.

的社会学"(the sociology of political development)意义上的复杂问题。但我们在此不妨设问：在当下中国业已形成的现实的财产秩序下，我们是否可以期待财产权宪法保护下的市民德行呢？在通过修宪来彻底确立财产权保护制度以前，一定规模的中产阶级的某种"德行"是否必须预先存在？纵观数百年来的中国，每当经历时代的大激变，人们往往总是单方面地诉求国家制度的改革，殊不知，从比较法制史的角度而言，与政治国家相对应的民间社会自身的建设和变革（包括自身观念的建设和变革）也非常重要。

第二个问题则是：在确立财产权宪法保护机制之际，如何应对类似日本学者樋口阳一教授所提出的那个"宪法现象的历史类型学"的问题。

如前所述，在西方各国，近代财产权保障的宪法规范侧重于强调财产权的神圣性和绝对性，而现代宪法则摒弃了这种自然法思想的话语，承认财产权的社会性和受制约性。这种宪法规范内涵的转变，反映了近代自由国家向现代社会国家转变的历史取向。然而达至这一转型的整个历史过程告诉人们：近代宪法通过确立绝对的私有财产权制度，推动了产业和社会生产力的高度发展，从而完成了近代宪法自身的历史课题和使命；而当私有财产权制度出现内在的矛盾之时，现代宪法才应运而生，其对财产权的社会限制，又构成其自身的历史课题和使命。易言之，上述的两种不同的宪法规范内涵，对其自身的历史课题而言，均既具有一定的历史限定性，又同时具有各自的历史合理性。

进入社会主义市场经济时代之后，中国宪法面临着严峻的历史取向的抉择：一方面，传统的那种自由放任主义已成为历史的陈迹，近代自由国家的时代已经一去不复返了；另一方面，许多人会看到，作为社会劳动的主要组织者以及现代宪法的承担者之意义上的中产阶层尚未形成一定规模，为此，与稳定的社会具有同构意义的市民社会亦有待形成。质言之，近代的课题显然尚未彻底完成。这样，在中国就需要同时处理近代课题和现代课题,也就是说,在西方的历时性问题,到中国则变为共时性问题。就建构财产权的宪法保护机制而言,我们将遭遇到两种不同历史类型的宪法规范。

　　基于这样的认识,笔者还是认为:财产权宪法保障规范的价值取向也应该客观地反映历史课题的具体要求。为此,我们同样必须克服那种企图跳跃"近代"而直接进入"现代"的跃进式取向,又要尽量摒弃那种首先"近代"而后"现代"的历史阶段论式取向,而应该采取近代课题与现代课题相互交融、近代阶段与现代阶段齐头并进的取向,从而在最大的限度上实现财产权宪法保障规范的理性价值。[①]

[①] 参见林来梵:《从宪法规范到规范宪法:规范宪法学的一种前言》,第33—36页。